Colección dirigida por
Ricardo Manuel Rojas

EL OCASO DE LA ABOGACÍA

Luca Moratal Roméu

EL OCASO
DE LA ABOGACÍA

Prólogo de
Ricardo M. Rojas

Unión Editorial
2024

© 2024 Luca Moratal Roméu

© 2024 Unión Editorial, S.A.

c/ Hilarión Eslava, 21, local - 20015 Madrid

Tel.: 913 500 228

Correo: editorial@unioneditorial.net

www.unioneditorial.es

ISBN: 978-84-7209-921-0

Depósito Legal: M. 6.361-2024

Compuesto y maquetado por El Buey Liberal, S.L.

Printed in Spain · Impreso en España

COLECCIÓN DERECHO Y LIBERTAD

La filosofía de la Libertad y el Derecho han estado ligados en forma permanente, y ello se vio expresado cuando, en el siglo XVIII, Europa comenzaba a alumbrar una transformación en formas y conceptos, lo que debía consecuentemente tener su correlato en las instituciones llamadas a impartir la justicia entre los ciudadanos.

Con la colección «Derecho y Libertad» pretendemos publicar una serie de títulos, tanto clásicos como de autores de nuevo cuño, que abarquen las áreas de los estudios jurídicos, de la teoría del Derecho y distintos aspectos de lo legislativo y lo judicial. Una colección única, dentro de la literatura en castellano. Esperamos que sea del gusto tanto de los buenos conocedores del catálogo de Unión Editorial como de aquellos que se acerquen por primera vez a los títulos de esta casa.

Ricardo Manuel Rojas

A Valentín Navarro y a Miguel Forcada

Natura non nisi parendo vincitur
(Francis Bacon)

PRÓLOGO

Se incorpora en esta oportunidad a la colección «Derecho y Libertad» de Unión Editorial, el presente trabajo de Luca Moratal Roméu, que lleva un título que nos hace reflexionar: *El ocaso de la abogacía*. Siempre es bienvenido en estos tiempos un texto que se sumerja en el estudio del rol del abogado y la naturaleza de su actuación, desde el punto de vista profesional, moral y legal. Un rol que ha experimentado mutaciones según las distintas concepciones del orden jurídico y su organización legislativa.

Al abogado se lo puede considerar como aquel experto en derecho que va a cruzar sus armas jurídicas contra otros abogados por conseguir la solución de un juez que sea más favorable para los intereses de su cliente. En este sentido es una suerte de perito especialista en el conocimiento del derecho, y fundamentalmente en el arte de utilizar las herramientas del derecho para argumentar en favor de su caso.

También se lo puede considerar como aquella persona que debería buscar soluciones imaginativas a los reclamos, que pongan fin a los pleitos de un modo aceptable para todos, y en especial para su cliente. Cuando asume ese rol, salen a relucir nuevas habilidades, vinculadas con la negociación y el análisis económico, que lo llevan a explorar la teoría de juegos y la economía del comportamiento.

Pero ser abogado no es sólo estar habilitado para representar a otros ante un tribunal, o para ofrecer servicios de asesoría jurídica o resolución de conflictos. Es abogado también el que estudia abogacía hasta alcanzar cierto nivel, el que la enseña, o el que opera con el derecho de alguna manera.

Como sea, su labor estará rodeada de determinadas exigencias de tipo moral y legal. Tiene ciertos deberes en el ejercicio de su profesión, tanto para con sus clientes, como para con sus adversarios circunstanciales, así como con los jueces y árbitros ante quienes debe litigar, y respecto del cumplimiento de los reglamentos vinculados al ejercicio de su profesión.

Como ocurre con toda actividad colectiva reglada, la labor del abogado está supeditada a reglas escritas —sea por el gobierno o por las propias asociaciones profesionales—, a reglas no escritas, emanadas de costumbres y tradiciones adquiridas y respetadas en el tiempo; e incluso a valores morales individuales que condicionan las decisiones propias de cada abogado.

En este trabajo, el autor señala adecuadamente que el estudio de la profesión de abogado deberá hacerse según cual sea la noción de derecho que estemos manejando. No resulta igual la consideración de un derecho que emana de principios superiores a la propia actuación de los juristas, que un derecho que es el producto de asambleas políticas que crean normas.

De igual modo puede decirse que en un orden jurídico de elaboración judicial, la tarea de formar el derecho la llevará a cabo la labor conjunta de los magistrados y los abogados litigantes que aportan sus argumentaciones y estimulan la decisión judicial, mientras que en un orden de elaboración legislativa, dicha tarea descansará sobre los hombros de los legisladores y los abogados especialistas en técnica legislativa. Va mostrando en este punto el autor que precisamente la tendencia al derecho de creación legislativa, unida al exceso de legislación, son factores que han herido gravemente a la tradicional labor del abogado.

Tampoco puede olvidarse la visión realista, como la encarnada por Bruno Leoni, autor que es citado en el presente trabajo, y para quien «el derecho comienza con el reclamo», y se exterioriza en definitiva en el conjunto de normas abstractas discutidas en los sucesivos reclamos que se formulan y resuelven ante los tribunales.

La significación de la labor del abogado será entonces distinta para cada modelo, así como el producto terminado de la creación jurídica. Ello da pie a que se relevan brevemente las visiones sobre la labor del abogado a lo largo de la historia, en la tradición grecorromana, y en sus productos: el derecho continental europeo y el derecho anglosajón. En este punto, las visiones de Hayek y Leoni sobre las ventajas de este último sobre el primero -en realidad del derecho de elaboración judicial sobre el de elaboración escrita-, son especialmente recomendables.

Moratal Roméu hace hincapié en la visión de la labor del abogado a través de tres campos distintos de estudio: el de la moral, la ética y la deontología.

Admite las dificultades de separar la ética y la moral. Etimológicamente responden a un mismo concepto («costumbre»: *ethos* en griego, *mos, mores* en latín), y con el tiempo su distinción se ha vuelto cada vez más complicada, al punto en que muchos filósofos ya las usan como sinónimos, y por ejemplo, Deidre McClosky ha sostenido que «como suele suceder con la dúctil lengua inglesa, 'ética' y 'moral' se han convertido en dos palabras, con orígenes distintos, para decir lo mismo» (*Las virtudes burguesas. Ética para el comercio*, Fondo de Cultura Económica, México, p. 85).

Sin embargo, el autor encuentra una conveniencia metodológica para utilizar ambos términos con sentidos distintos, reservando a la moral para el conjunto de valores aceptados socialmente, que influyen sobre la conducta individual, y a la ética para referirse a aquellos valores aceptados y ejercidos voluntariamente por cada individuo. Ambos aspectos en definitiva son relevantes e influyentes decisivamente en la labor del abogado, con independencia de las reglas jurídicas y regulaciones gremiales que se puedan establecer a la profesión.

Luego se concentra con cierta extensión en las bases deontológicas de la abogacía, buceando en las raíces del concepto y de la noción de deber, tanto en Bentham como en Kant, para buscarle bases sólidas a la regulación de los deberes y obligaciones inherentes al ejercicio profesional. Nos recuerda que etimológicamente «abogado» proviene del latín «ad-vocatus», que es aquel «llamado a» o «llamado en auxilio de», por lo que una base genérica sobre el deber del abogado es estar a disposición para auxiliar a su cliente en su problema de naturaleza jurídica para el cual requirió su ayuda.

No obstante la subjetividad propia de estas consideraciones, pueden y deben servir de base para entender los deberes del abogado, aun antes de plasmarlos en reglamentos o estatutos.

Pasa también el autor a considerar la visión estética de la labor del abogado. Recomienda no sobredimensionar el rol de lo estético en el tratamiento de este tema. Recuerda algunos ejemplos quizá no tan adecuados, y finalmente nos trae al hoy algunos consejos de Angel Ossorio, en su libro sobre la actividad forense. Me atrevería a sugerir, en el mismo sentido, aquel compendio de relatos forenses escrito por el gran procesalista italiano Piero Calamandrei (*Elogio dei giudici, scritto da un avvocato*), que muestra a jueces y abogados desempeñando roles desde una pintoresca perspectiva estética. Pero donde lo estético no pasa de ser anecdótico, o a lo sumo sirve para explicar ciertas costumbres y tradiciones forenses, pero no puede opacar a las verdaderas raíces de la actividad jurídica.

El capítulo final en el desarrollo de este trabajo está reservado para la regulación normativa de la actividad profesional de los abogados en el derecho, y en especial en el derecho español. Allí el autor lleva varios de sus conceptos morales, éticos y deontológicos, al análisis de las normas jurídicas que regulan la abogacía en España.

Tales consideraciones permiten concluir al autor que la hiperregulación legislativa ha conspirado contra la verdadera base moral y ética de la labor del abogado, y de allí el título de su trabajo. La alternativa a ello es desatar al derecho de regulaciones e imposiciones legales, para permitir que sea la discusión de ideas libres, la toma de decisiones individuales, y criterios jurídicos que no estén previamente digeridos por estatutos obligatorios, los que devuelvan al abogado el rol fundamental que siempre ha tenido en la elaboración del derecho.

Las referencias a Hayek y a Leoni me permiten recordar que aquella tradición jurídica, elaborada en consonancia con los principios de la Escuela Austríaca de Economía, va en el mismo camino de separar el derecho del Estado (Rojas, Ricardo Manuel, *Fundamentos praxeológicos del derecho*, Unión Editorial, Madrid).

Por lo tanto, es bienvenido este trabajo de Luca Moratal Roméu a la colección «Derecho y Libertad» de Unión Editorial, como una contribución a la necesidad de devolverle al derecho y a sus creadores -los abogados-, el rol que les corresponde en una sociedad de personas libres y responsables.

RICARDO MANUEL ROJAS
Guatemala, abril de 2023

ÍNDICE

PRÓLOGO
Por Ricardo M. Rojas... 9

INTRODUCCIÓN 15
1. Planteamiento del problema y propósito del presente ensayo 15
2. Metodología 17
3. Estructura 18

CAPÍTULO 1: EL DERECHO 21
1. La teoría iusnaturalista 21
2. El derecho en su concepción positivista............................ 24
3. La amenaza social coactiva 27

CAPÍTULO 2: LA PROFESIÓN DE ABOGADO 31
1. El abogado en la antigüedad grecorromana 31
2. El abogado en el common law y en el sistema continental 33
3. El núcleo conceptual de la abogacía 36

CAPÍTULO 3: ÉTICA Y MORAL DEL ABOGADO............................ 39
1. Hacia una distinción entre ética y moral 39
2. Ética y moral en el ejercicio de la abogacía...................... 44

CAPÍTULO 4: DEONTOLOGÍA DEL ABOGADO............................ 49
1. La doctrina kantiana del deber... 49
2. El deber como vocación.. 54
3. El deber en el ejercicio de la abogacía 56

CAPÍTULO 5: UNA ESTÉTICA DEL ABOGADO 59
1. El conocimiento estético 59
2. Lo estético en el ejercicio de la abogacía 61

Capítulo 6: CARACTERIZACIÓN DEL RÉGIMEN NORMATIVO
DEL ABOGADO ESPAÑOL 65
   1. Lo jurídico en el estatuto profesional del abogado español...... 65
   2. Lo ético y lo moral en el estatuto profesional del abogado español .70
   3. Lo deontológico en el estatuto profesional del abogado español ..74

CONCLUSIONES 79

REFERENCIAS... 81
   1. Bibliografía 81
   2. Normativa... 84
   3. Jurisprudencia.. 84
   4. Otros recursos 84

INTRODUCCIÓN

1. Planteamiento del problema y propósito del presente ensayo

Observa una de las sentencias mejor conocidas del Digesto, atribuida al jurista y cónsul Lucio Javoleno Prisco, que «toda definición es peligrosa en derecho; es difícil, en efecto, que no pueda ser subvertida» (*omnis definitio in iure civili periculosa est; parum est enim, ut non subverti posset*)[1]. Acaso no sería aventurado sugerir que lo que es peligroso para la ciencia jurídica no lo es menos para la investigación en cualquier otra disciplina, cuyos resultados pueden verse gravemente afectados por la adhesión acrítica a definiciones desacertadas, caducas o sencillamente equívocas. Con todo, tan nociva como el abrazo dogmático de definiciones de viejo y nuevo cuño es la renuncia a definir, o a reflexionar en coherencia con las definiciones aportadas. Si en rigor, como enseñara Gustavo Bueno, «no se puede pensar sin sistema»[2], lo anterior equivale a eximirse de la necesidad de vincularse a uno, concediéndose la facultad de variarlo a discreción según convenga, en cada momento, a la argumentación en curso.

De desatención teórica en las distintas formas descritas son objeto algunos de los conceptos más elementales en la formación y práctica profesional del jurista, como son los de derecho, abogacía, moral, ética o deontología. No es infrecuente, por ejemplo, la invocación indistinta de los tres últimos, soslayándose toda posibilidad de discriminación —siquiera con fundamento etimológico— en el contenido denotado. Constata Vila Ramos que «en general solemos hablar de comportamiento ético, ética profesional, normas éticas, de moral, de códigos de conducta o de deontología, sin que precisemos en qué consisten los principios enunciados; pareciera suficiente con establecer que nuestros comporta-

---

[1] D 50.17.202.
[2] FERNÁNDEZ LEOST, J. A.: Aportación sin título, en: VVAA: *Gustavo Bueno: 60 visiones sobre su obra*, Pentalfa, Oviedo, 2014, p. 86.

mientos se adecuan a la ética sin precisar el significado de los términos enunciados»[3]. Tampoco es infrecuente su interpretación en referencia exclusiva al derecho positivo. Ilustrativo en este sentido es el Preámbulo del Código Deontológico de la Abogacía Española, que, escrupuloso a determinados efectos terminológicos (precisando, verbigracia, el alcance femenino de la noción de «abogado»), no lo es tanto, sin embargo, cuando se trata de insertar la deontología «en el universo del Derecho»; convirtiéndola, con ello, en una rama o especialidad del mismo, sin que medie esfuerzo dirigido a justificar semejante negación de autonomía al orden deontológico. En este vacío conceptual, cualquier definición ofrecida por el derecho positivo es posible y, por lo mismo, como alertara Javoleno, peligrosa. La función del jurista se limitaría a reproducirla, como hace Hierro Sánchez-Pescador cuando define su profesión como «aquélla en la que la titulación resulta una condición indispensable […] para ser un operador del Derecho»[4].

Como cualquier otro profesional, el abogado se ve sometido a un marco normativo que, concebido en el más amplio sentido, comprende —al menos, hipotéticamente— exigencias de naturaleza deontológica, ética, moral y estrictamente jurídica. Conocer este marco, estatuto o sistema es tarea que trasciende el mero conocimiento de cada una de las normas que lo integran. Requiere, antes bien, tomar conciencia de la particular configuración de cada una de ellas en función de su adscripción ontológica, es decir, de la esfera (o, siempre como hipótesis, esferas) a la que legítimamente pertenece. A nivel sistémico, la determinación del grado de presencia, en tanto que vigencia, de cada una de estas esferas es de vital importancia para una caracterización fiel, elocuente y científicamente relevante de este marco normativo. Naturalmente, abstenerse de preocupaciones filosóficas como la que dicha caracterización pueda representar no impedirá al abogado ejercer, incluso con gran éxito, su profesión, ni al resto de la sociedad hacerse una idea más o menos funcional de esta última; de igual manera que un profesional sanitario podrá operar, también con gran beneficio para sus pacientes, sin cuestionarse el origen y significado de su *lex artis*, de los tratamientos que administra y prescribe, o de la metodología por la cual se determina la efectividad de los mismos. No obstante, desde el momento en que unos

---

[3] VILA RAMOS, B.: «Deontología profesional y marco jurídico normativo», en: VVAA: *Deontología profesional*, Dykinson, Madrid, 2013, p. 12.

[4] HIERRO SÁNCHEZ-PESCADOR, L. L.: «Las profesiones jurídicas. Una visión de conjunto», en: *Sistema: revista de ciencias sociales*, nº 137 (1997), p. 28.

y otros despierten al interrogante por el sentido profundo y auténtico de su actividad en el devenir de la humanidad, en el de la sociedad, o en el de sus propias vidas (inquietud, esta, cuya satisfacción más fácil es entender como gratificante que como rigurosamente necesaria), la respuesta sólo podrá venir de la mano de una composición de lugar como la aquí planteada; que, a su vez, demandará un previo ejercicio clarificador de los conceptos señalados.

A esta caracterización, imperativamente precedida de la oportuna clarificación conceptual, se dedica el presente ensayo. Se tratará, más concretamente, de describir con solvencia la naturaleza del sistema de normas que rige la profesión del abogado español. Al hacerlo, valga como advertencia —de la que el título del ensayo es, sin duda, ya presagio—, no podremos sustraernos a diagnosticar algunas implicaciones tan alarmantes como controvertidas.

2. Metodología

La adecuada consecución del objetivo propuesto vendrá dada, en gran medida, por la calidad de la explicación que se aporte de los conceptos cardinales del objeto estudiado: como se anticipó, derecho, abogacía, moral, ética y deontología. La importancia de este eslabón conceptual para el conjunto de la argumentación justifica su extenso tratamiento, al tiempo que impone una formulación de los criterios metodológicos que lo guiarán.

En línea de principio, no hay motivo para que esta definición y delimitación de conceptos no encuentre apoyo básico en el significado habitualmente conferido a los vocablos en el lenguaje común (ora en el coloquial, ora en el especializado), en consonancia con la máxima aristotélico-tomista: *Nominibus utendum est ut plures utuntur*[5]. A este respecto arguye muy acertadamente McInerny que «tan pronto el filósofo se apropia de los términos comunes e impone caprichosamente que signifiquen lo que ni remotamente se asemeja a lo que comúnmente significan, tenemos un instrumento, no de comunicación, sino de confusión»[6]. Pero, como puntualiza Fernández-Carvajal, «nombrar las cosas según los

---

[5] «Hay que usar los nombres [o nombrar las cosas] como lo hacen los muchos» (cf. ARISTÓTELES, *Tópicos*, Libro II; TOMÁS DE AQUINO, *De veritate* q. 4, a. 2).

[6] *So soon as ordinary terms are taken over by the philosopher and, by whimsy or caprice, imposed to signify what is not even remotely similar to what they ordinarily signify, we have*

muchos no supone plegarse a los errores del conocimiento vulgar [o del académico, cabría añadir], sino tomar pie en él para rectificarlos»[7]. Así las cosas, apremiará eventualmente —y en absoluto caprichosamente— precisar, matizar o aun corregir el significado lexicográfico por razón de una desviación excesiva, injustificada (entendiéndose por tal: no esclarecedora o semánticamente enriquecedora) y/o equívoca respecto del significado originario (etimológicamente predominante, o más influyente). Asimismo, y más decisivamente, será necesaria la intervención estipulativa —en la medida menos invasiva posible— en atención a lagunas y solapamientos en la cobertura nominal y epistemológica de la realidad. La concurrencia de hechos designados con varios términos o abordados por distintas disciplinas y fenómenos que, al producirse lo anterior, quedan terminológica o gnoseológicamente huérfanos, demanda del sujeto teórico una iniciativa reestructuradora que muchas veces es vano esperar de la comunidad lingüística.

Como la mayéutica socrática, la metodología propuesta aspira a hacer descubrir, o más bien redescubrir, al lector (que haga las veces de alumno) nociones ya poseídas por este, aunque a menudo de manera más o menos inconsciente. Orientación que, no obstante, debe venir complementada con los expuestos criterios de normalización terminológica y racionalización epistemológica.

3. Estructura

De conformidad con el posicionamiento metodológico adoptado, un primer capítulo se dedicará a la definición del concepto más fundamental —pues de su representación dependerá la de los restantes— de entre los barajados: el de derecho. Se enfrentará, pues, el problema nuclear de la filosofía jurídica, cual es la pregunta ontológica por su objeto. A salvo de la pretensión, a todas luces desorbitada, de resolver este problema con carácter inapelable, se someterán a examen las teorías más destacadas al respecto en la historia de la disciplina, para, mediante aplicación de los criterios de delimitación conceptual establecidos, determinar, con

---

an instrument, not of communication, but of confusion (MCINERNY, R. M.: *Studies in Analogy*, Martinus Nijhoff, La Haya, 1968, p. 22).

[7] FERNÁNDEZ-CARVAJAL, R.: *El lugar de la ciencia política*, Universidad de Murcia, Murcia, 1981, p. 370 n. p.

los matices pertinentes, cuál pueda cimentar con mayor solidez los desarrollos sucesivos.

Definido el derecho, podrá procederse, en el capítulo segundo, a proyectar los rasgos esenciales de la abogacía o profesión de abogado. Una vez más, se operará por aplicación de la metodología propuesta y con apoyo histórico: en este caso, de las más significativas manifestaciones del ejercicio de dicha profesión.

El afianzamiento de los conceptos de derecho y abogacía, unido a la profundización, ya en el capítulo tercero, en los de ética y moral, permitirá especificar el significado de estos últimos en cuanto afectan a la profesión de abogado. A la finalización de este capítulo se tendrá una idea autorizada de los conceptos de ética del abogado y moral del abogado.

Detenimiento individualizado, aunque siempre congruente con la dinámica asumida, merecerá el concepto de deontología —y, en particular, de deontología del abogado. A ellos se dedicará el capítulo cuarto.

El capítulo quinto, *sui generis por su accesoriedad (aunque en modo alguno extemporaneidad) al razonamiento dominante, contribuirá a depurarlo de algunos equívocos merced a la elucidación de una esfera colindante con las anteriores, como es la estética. Se cultivará, pues, la hipótesis de una estética del abogado.*

Con base en este trabajo de delimitación y clarificación conceptual podrá darse respuesta a la pregunta por la naturaleza del régimen, marco o sistema de normas rectoras de la abogacía española. El capítulo sexto, que de ello se ocupa, perfilará igualmente los más graves corolarios de los resultados obtenidos al objeto.

EL DERECHO

De acuerdo con lo indicado en la Introducción, es propósito de este primer capítulo formular un concepto de derecho que, respondiendo a los criterios epistemológicos en la misma anunciados, permita y favorezca el progreso en la definición y diferenciación de los conceptos de abogacía, moral, ética, deontología y estética, y, en última instancia, conduzca a la resolución de la cuestión que vertebra y orienta la presente investigación. Semejante tentativa no podría obviar la consideración de aquéllas que prácticamente cualquier manual de filosofía del derecho conviene en presentar como la tríada de las grandes teorías o concepciones de este: el iusnaturalismo (o doctrina del derecho natural), el iuspositivismo (o positivismo jurídico) y el iusrealismo (o realismo jurídico).

1. La teoría iusnaturalista

Una primera aproximación al iusnaturalismo invitaría a concebirlo como la afirmación de la existencia del derecho o ley natural, esto es, de una serie de preceptos[8] cuya vigencia o imperatividad no viene determinada por, o condicionada a, decisión o aprobación humana. Es, por ejemplo, la visión de Aristóteles cuando, en la *Ética a Nicómaco*, divide la justicia política (*το πολιτικόν δίκαιον*) en natural y legal, definiendo la primera (*φυσικὸν*) como «la que tiene en todas partes la misma fuerza, independientemente de que lo parezca o no»[9]. Semejante descripción

---

[8] Acójase el criterio lexicográfico para identificar, *prima facie* y a título hipotético, las nociones de «derecho» y «ley» con la de «conjunto de preceptos»; así como un íntimo nexo entre los dos primeros.

[9] *Τοῦ δὲ πολιτικοῦ δικαίου τὸ μὲν φυσικόν ἐστι τὸ δὲ νομικόν, φυσικὸν μὲν τὸ πανταχοῦ τὴν αὐτὴν ἔχον δύναμιν, καὶ οὐ τῷ δοκεῖν ἢ μή* (*Ética a Nicómaco*, V, 1134b-1135a).

de la posición iusnaturalista, empero, es mucho más general de cuanto pueda parecer a simple vista, y no permitiría avanzar demasiado en términos de delimitación. Baste como ilustración de esta dificultad el reconocimiento por parte de John Austin, pionero en la antagónica —o comúnmente tenida por tal— posición iuspositivista, de los mandatos del soberano divino, que contrapone a los del soberano humano[10] (únicos relevantes, sostiene el inglés, para la ciencia jurídica[11]); o el hecho de que el mismo Hans Kelsen, crítico inconfundible del derecho natural y máximo representante del positivismo jurídico, hubiera de reconducir la validez del ordenamiento positivo a una norma hipotética fundamental, de la que, ciertamente, no puede predicarse autoría humana, y que sin embargo es menester aceptar como vinculante para que lo sean todas las que reciben de ella su vigencia[12].

Más allá de esta acepción genérica y, como se advierte, excesivamente amplia, cabría proponer una demarcación más restringida de la corriente iusnaturalista, entendiéndola como aquélla que *no sólo admite* la existencia de una ley natural (normalmente identificada con la justicia), sino que, de hecho, *circunscribe* el concepto de derecho a los preceptos que la integran, o que la reproduzcan, o que se correspondan con ella o, como mínimo, que no la contradigan. Aristóteles, representativo, como hemos visto, de la disposición iusnaturalista en sentido amplio, no lo sería, en cambio, de esta corriente en sentido estricto, como pone de manifiesto cuando enseña que «las leyes, a semejanza de los regímenes, son también necesariamente buenas o malas y justas o injustas»[13]. Por el contrario, expresión paradigmática del iusnaturalismo estricto sería la sentencia tomista según la cual *lex iniusta non est lex*[14]: la ley injusta no es ley.

---

[10] AUSTIN, J.: *The Province of Jurisprudence Determined* (1832), Cambridge University Press, Cambridge, 1995, *passim*.

[11] «La *ciencia de la jurisprudencia* (o, simple y llanamente, la *jurisprudencia*) se ocupa de las leyes positivas, o de las leyes en sentido estricto, consideradas con independencia de su bondad o maldad» (*the* science of jurisprudence *(or, simply and briefly,* jurisprudence) *is concerned with positive laws, or with laws strictly so called, as considered without regard to their goodness or badness; ibid.*, p. 112).

[12] La autoría humana podría quizá predicarse en el caso de que esta hipótesis adoptara la forma de una suerte de consentimiento tácito, como ocurre en el contractualismo clásico, o de alguna otra ficción al efecto; pero Kelsen enfatiza que «esta presuposición no es producto de la libre imaginación» (*this presupposition is not a product of free imagination*; KELSEN, H.: *What Is Justice? Justice, Law, and Politics in the Mirror of Science* [1957], University of California Press, Berkeley, 1971, p. 262).

[13] *Política*, III, 1282a-1283b.

[14] *Summa Theologiae* I-II, q. 96, a. 4, c.

La idea de la subordinación del derecho a un orden normativo inmutable (atribuido a Dios o a la naturaleza, pero en todo caso indiferente al arbitrio humano) fue hegemónica en la modernidad y la ilustración europeas, y nunca ha perdido su vigor. A esto último han contribuido indudablemente las experiencias bélicas y totalitarias del siglo pasado, cuyo trágico recuerdo dignifica la intuición de que *oboedire oportet Deo magis quam hominibus*[15] —que hay que obedecer a Dios, o las exigencias de la justicia, antes que a los hombres. Una cierta connotación positiva de los términos «ley» y «derecho» sería hostil a su asimilación a los actos de aniquilación y represión perpetrados en su nombre.

Sin negar el atractivo de esta perspectiva, el filósofo del derecho tiene que preguntarse hasta qué punto pueda favorecer la comprensión del objeto de su disciplina. A este respecto, y atendiendo a los criterios metodológicos contraídos, se aprecia que una aceptación extrema de la posición iusnaturalista estricta da lugar a importantes dificultades de tipo terminológico y epistemológico.

Terminológicamente, se debe tener en cuenta que las resonancias eufónicas de las voces «ley» y «derecho» no tienen la entidad lexicológica de la percepción popular que las distingue netamente de la justicia. Reencarnado en cualquier sociedad occidental, a Sócrates le sería hoy mucho más fácil obtener el asenso de sus interlocutores a la tesis iusnaturalista amplia «Las leyes deberían ser justas» que a la estricta «El derecho es justo; y, si no, no es derecho». El análisis etimológico de «derecho» (en latín, *ius*), que inmediatamente lo conecta con «justicia» (*iustitia*), podría sugerir, sí, su identificación a modo de retorno al significado originario; pero esta aspiración, que sí avala la afirmación de una estrecha relación entre ambas (de índole, aventuremos, teleológica o valorativa), no superaría, como en seguida veremos, el test epistemológico.

Y es que, epistemológicamente, el iusnaturalismo estricto supondría la exclusión del ámbito de la ciencia y la práctica jurídicas de toda una serie de comportamientos, relaciones y realidades varias que no sería fácil adscribir a otras disciplinas y profesiones. Sería, por ejemplo, poco recomendable un profesor de Derecho civil que sólo enseñara la parte del Código civil que reputara justa (por muy razonables y loables que fueran sus criterios de valoración); aquellos de sus alumnos que devinieran abogados civilistas tendrían poco éxito intentando convencer al juez de la validez privativa de dicha parte del Código, o absteniéndose

---

[15] Hechos 5, 29.

de tomar en consideración los preceptos desechados por razón de su injusticia a la hora de defender los intereses de sus clientes. A los dictámenes «No tema: ese artículo es injusto, luego no es derecho» o «Su pretensión es justa, luego el derecho la ampara» no parece subyacer una concepción del derecho compatible con la realidad. Si este paladín del iusnaturalismo lograra persuadirnos de que una serie de normas infames no tienen valor jurídico, y de que quienes las invocan y aplican no pueden llamarse profesionales del derecho, surgiría inevitablemente la pregunta: ¿a quién me dirijo, entonces, para lidiar con aquéllas? ¿Qué rama del conocimiento y qué sector de actividad se dedican a su estudio y manipulación (aun cuando sea con el noble propósito de ahuyentarlas o eludirlas en aras de la justicia)? La evidencia sociológico-lingüística y el buen juicio gnoseológico nos dicen que esta ciencia no es otra que el derecho, y que estos profesionales no son sino los juristas.

De la tradición iusnaturalista nos queda, y no es poco, la reivindicación de la justicia como fin natural del derecho. Sin embargo, una definición científica del derecho —un concepto de derecho para vivir en este mundo— habremos de buscarla en otras escuelas.

2. El derecho en su concepción positivista

Con el afán de superar las apuntadas insuficiencias del iusnaturalismo nace el positivismo jurídico. La obra del antes mencionado John Austin supuso una gran transformación en este sentido. Como se indicaba, Austin se percató de la necesidad de una ciencia específicamente dedicada a los mandatos del soberano humano (que denominó «leyes positivas, o leyes en sentido estricto»[16]), excluyente de otros órdenes normativos y despojada de consideraciones valorativas. La reducción del derecho a la ley positiva (*posita*, «puesta», por el soberano o superior político) será lo característico de la corriente así iniciada, cuyo más destacado exponente es pacífico reconocer en Hans Kelsen.

Kelsen se propone delinear una teoría «pura» del derecho, con la que «liberar la ciencia jurídica de todos sus elementos extraños»[17]. Los «elementos extraños» que harían «impura» una concepción del derecho

---

[16] AUSTIN, J., *op. cit.*, p. 118.

[17] *Eine «reine» Lehre vom Recht […] will die Rechtswissenschaft von allen ihr fremden Elementen befreien* (KELSEN, H.: *Reine Rechtslehre* [1934], 2ª ed., Österreichische Staatsdrückerei, Viena, 1960, p. 1).

serían, principalmente, los materiales y los factuales: pretender definir lo jurídico por razón de lo prescrito (como hace el iusnaturalismo, por ejemplo al negar la juridicidad del mandato injusto) o de su efectiva observancia (como veremos que hace el realismo jurídico). Lo que define el derecho, por el contrario, es la *forma normativa válida*: el acto de voluntad (*Willensakt*) por el cual se determina que de un comportamiento se derive una consecuencia[18]; siempre y cuando una norma superior —esto es, un acto de voluntad jerárquicamente dominante— autorice la emanación de voluntad a ella supeditada. La dualidad creación-aplicación del derecho queda así desdibujada: el aplicador del derecho (verbigracia, el juez) lo crea dentro de los límites trazados por la norma (verbigracia, el Código penal); esta, sin embargo, puede simultáneamente interpretarse como la aplicación de una norma superior (en nuestro ejemplo, probablemente la constitución), que expresamente demanda, o tácitamente sanciona, su promulgación[19]. La postulación última de semejante estructura como explicativa de todo derecho, y de todo el derecho, lleva a Kelsen a proclamar la «disolución» (*Auflösung*) de cualesquiera otras dualidades tradicionales argüidas por los juristas: derecho público y privado, derecho objetivo y subjetivo, persona física y jurídica, derecho nacional e internacional, e incluso Estado y derecho[20]. La materia prima del derecho sería la norma válida así entendida, y cualquier fenómeno que no pueda explicarse por ella quedaría fuera del ámbito del derecho.

Planteada la cuestión en estos términos, Kelsen se encuentra con un problema similar al experimentado por Aristóteles al predicar una causa eficiente de todas las cosas: este proceder aboca, bien a una solución cíclica que conecte causas primeras con causas finales (que como teoría del derecho sería extravagante, aunque quizá no disparatada), bien a remontarse *ad infinitum*, bien a admitir un primer motor inmóvil. Como Aristóteles, Kelsen se decanta por esta tercera opción. En última instancia, sostiene, es necesaria la hipótesis de una norma primera incausada que, no debiendo su validez a ninguna otra, sea fuente suprema de la validez de todas las demás (desde la constitución o el derecho internacional hasta el último acto administrativo)[21].

---

[18] Cf. *ibid*., p. 5. Más adelante precisa Kelsen que, en derecho, dicha consecuencia es de tipo coactivo (*Zwangsakt*) (*ibid*., pp. 34 y ss).

[19] Cf. *ibid*., pp. 239 y ss.

[20] Cf. *ibid*., pp. 195 y 319-320.

[21] «La búsqueda del fundamento de la validez […] no puede […] ser infinita. Tiene que terminar en una norma que sea presupuesta [o asumida] como última y

Esta norma hipotética es fundamental en el sentido de ser fundamento de validez (Grund der Geltung) de todo el ordenamiento jurídico. Kelsen, sin embargo, se da cuenta de que este presupuesto, siendo lógicamente necesario para fundar la validez de aquél, no es científicamente suficiente. Por vez primera y última, y con la finalidad de evitar que su teoría otorgue juridicidad a entelequias normativas desprovistas de toda manifestación real, Kelsen introduce en ella un elemento fáctico: la eficacia (Wirksamkeit) como condición (Bedingung), que no fundamento, de la validez. Esta eficacia, ahora bien, será exigible del ordenamiento jurídico en su conjunto y con carácter general, no —como propondrá el realismo jurídico— de cada norma particular[22]. De suerte que la constatación de la obediencia habitual y ampliamente extendida a un ordenamiento jurídico en el seno de una sociedad bastará para certificar su validez, eximiendo al jurista de la labor, más propia de un sociólogo, de examinar la eficacia de cada norma a efectos de determinar su vigencia. En virtud de su pertenencia a un ordenamiento jurídico válido y generalmente eficaz, algunas de ellas podrán ser válidas (ser derecho) pese a ser sistemáticamente ignoradas o transgredidas sin consecuencias.

Se hace palpable que, con el encomiable proyecto de cubrir las lagunas epistemológicas que el iusnaturalismo había dejado, el positivismo jurídico es responsable de nuevas orfandades. Al reconocer como derecho formulaciones puramente gramaticales sin ninguna relevancia real en la vida de las personas, y negar entidad jurídica a fenómenos que, ajenos a la lógica inmanente de un sistema de normas, sin embargo no se diferencian materialmente de muchas de ellas, el positivismo cae víctima de un ofuscamiento apriorístico no tan lejano, a fin de cuentas, del que le imputa al iusnaturalismo. Parafraseando a Friedrich Hayek, podría decirse que el único mérito de la definición del derecho de Kelsen es que

---

suprema» (*Die Suche nach dem Geltungsgrund [...] kann nicht [...] ins Endlose gehen. Sie muß bei einer Norm enden, die als letzte, höchste vorausgesetzt wird; ibid.*, p. 197).

[22] «El requisito de la eficacia no debe entenderse en el sentido de que el derecho, para ser válido, deba ser siempre observado, y, en el caso de no serlo, deba ser siempre aplicado; sino sólo en el sentido de que debe ser, en líneas generales y como regla, observado, y, en caso contrario, aplicado» (*Ist die Forderung der Wirksamkeit nicht dahin zu verstehen, dass das Recht, um zu gelten, immer befolgt, und wenn nicht befolgt, immer angewendet werden muß; sondern nur dahin, daß es im großen und ganzen, in der Regel, befolgt, und wenn nicht befolgt, angewendet werden muß* [KELSEN, H.: «Was ist juristischer Positivismus?», en: *JuristenZeitung*, vol. 20, n° 15/16 (13 de agosto de 1965), p. 467]).

«en su sistema de pensamiento, [esta definición] es tautológicamente verdadera»[23].

Volviendo al ejemplo de los abogados iusnaturalistas, supongamos que uno de ellos, desengañado (y trasladado a Palermo), fuera seducido por el positivismo jurídico. Consultado por una cadena de restaurantes que desea expandirse a Sicilia acerca de las implicaciones jurídicas de la operación, nuestro abogado converso se preguntaría, en primer lugar, qué ordenamiento jurídico es regularmente observado en dicho territorio. Asumiendo que lo es el italiano, listaría todos los trámites administrativos, obligaciones tributarias y normativa relevante para la actividad que localizara en el cuerpo jerárquico de este ordenamiento. Su cliente recibirá una ingrata sorpresa al instalarse y descubrir por su cuenta que, además de todo lo indicado, debe pagar el pizzo o impuesto a la mafia, bajo amenaza de severas represalias. Si, expresándole el cliente su preocupación ante este inesperado gravamen, nuestro abogado responde: «No tema: el ordenamiento italiano prohíbe la extorsión», podremos concluir que tampoco el positivismo ofrece una concepción del derecho satisfactoria.

3. La amenaza social coactiva

Atendiendo a las deficiencias reprochadas a las teorías iusnaturalista y positivista, emerge como denominador común de aquéllas la incapacidad de dar cobertura (científico-conceptual y práctico-gremial) a determinados *hechos* a los que estas teorías: (i) niegan la condición de jurídicos, sin concurrir propiedades esenciales que los diferencien de otros pacíficamente reconocidos como derecho (por ejemplo, a la amenaza de represalias por impago del *pizzo*); (ii) o bien atribuyen semejante condición, pese a carecer de las propiedades que hacen socialmente relevantes otros hechos pacíficamente reconocidos como derecho (llamando derecho, verbigracia, a una construcción gramatical con forma de norma válida, que, sin embargo, nadie obedece y nadie aplica). No podría, pues, resultar más oportuna la consideración de aquella teoría del derecho que precisamente asegura concebirlo como hecho y con fundamento único en los hechos: el realismo jurídico.

«Mi propósito», declara Karl Olivecrona, uno de sus más notables impulsores, «es principalmente considerar los hechos como hechos y

---

[23] *Within his system of thought his assertion is tautologically true* (HAYEK, F.: *Law, Legislation and Liberty* [1973–79], Routledge, Londres y Nueva York, 1982, p. 219).

simplificar nuestra concepción del derecho en forma que concuerde con la realidad objetiva»[24]. El método, adverso a metafísicas o apriorísticas *petitionibus principii*, renuncia a aportar una definición del derecho, o a determinar su contenido, antes de haber examinado empírica y críticamente los «hechos de la vida social» potencialmente afectados por ese «conjunto de normas obligatorias» que a menudo se nos dice sea el derecho. «Cualquiera que afirme que hay algo más en el derecho, algo perteneciente a otro orden de cosas que los 'meros' hechos, tendrá que tomar sobre sí la carga de la prueba»[25].

La adopción de semejante enfoque impone una reformulación de la problemática que la retrotraiga a su más elemental fenomenología. Hasta ahora se ha hablado de «normas» y de «obligatoriedad» sin indagación del significado sociológico de estas nociones. Ello, sin embargo, no ha impedido la aparición recurrente de un dato importante acerca de ellas: la virtualidad amenazante. Se dice que una norma obliga en tanto que, en caso de incumplimiento, una consecuencia indeseable acecha; y, como hemos visto, que las teorías iusnaturalista y iuspositivista no terminen de satisfacer nuestras necesidades gnoseológicas se debe justamente a la falta de consistencia en la calificación como jurídicas de tales amenazas (negando que una serie de amenazas sean derecho, o aseverando que prescripciones sin efectiva capacidad intimidatoria lo son). Procede, por tanto, la hipótesis de que la amenaza es esencial al derecho.

Pero no toda amenaza es derecho. Como argumenta el mismo Olivecrona, del hecho que dolores y lesiones amenacen a quien pone la mano en el fuego no puede colegirse la existencia de un deber jurídico de no hacerlo[26]. El mundo está lleno de amenazas para el hombre. Algunas son de tipo físico (paradigmático es el ejemplo de Olivecrona); de ellas se ocupan las ciencias naturales. Otras son de tipo social. A diferencia de las anteriores, cuya dinámica operativa es necesaria[27], las amenazas de tipo social están sujetas al arbitrio humano, presentando siempre un cierto grado de imprevisibilidad. La norma jurídica participa, sin duda, de esta categoría de amenazas; pero sería un exceso entender que las monopoliza. Amenazas sociales no percibidas como jurídicas y,

---

[24] OLIVECRONA, K.: *El derecho como hecho* (1939), R. Depalma, Buenos Aires, 1959, p. 15.

[25] *Ibid.*, p. 12.

[26] Cf. *ibid.*, pp. 3-4.

[27] Que no siempre conozcamos las relaciones de necesidad que componen dicha dinámica no altera su entidad necesaria.

de hecho, estudiadas por otras disciplinas —de mayor o menor arraigo académico—, incluyen contingencias como el fracaso empresarial en caso de no satisfacer al mercado objetivo o la pérdida de un amigo o pareja sentimental en caso de no cumplir con sus expectativas. Contemplar semejantes relaciones de causalidad imperfecta (*i.e.*, no necesaria) como normas jurídicas sería insostenible desde un punto de vista lexicográfico, amén de suponer una invasión injustificada —en términos de disciplina y economía epistemológicas— del legítimo campo de estudio de otras ciencias (economía, sociología, psicología…). El derecho, antes bien, tiene por objeto propio *la amenaza social de tipo coactivo*: la posibilidad del ejercicio social (interindividual) de la coacción[28].

Por coacción ha de entenderse el recurso a la violencia, esto es, a la fuerza física sobre una o más personas, o sus propiedades (su facultad de usar determinados bienes y disponer de ellos), no consentida[29] por estos destinatarios. Es importante precisarlo en un contexto de proliferación de perspectivas que conciben lo coactivo *sensu latissimo*, asimilándolo, en los casos más extremos, a cualquier comportamiento que alguien pueda reputar indeseable (elegir a un candidato en vez de otro para un puesto de trabajo, vender un producto a un precio superior al coste de producción o negar nuestro afecto a quien nos lo reclama serían sólo algunos ejemplos). Una acepción —ligera y, a mi juicio, admisiblemente— más amplia podría incluir en el ámbito de la coacción el engaño en forma de estafa: en una sociedad psicológicamente regida por el principio *pacta sunt servanda*, cuyos miembros esperan razonablemente el cumplimiento de lo pactado por sus conciudadanos (y represalias en caso de incumplimiento), el compromiso no honrado de devolver un objeto recibido en préstamo y el hurto de dicho objeto son, a efectos conceptuales, equivalentes. Pero no puedo sino coincidir con Bruno Leoni cuando opina que, aunque «podemos despreciar al hombre que, sabiendo nadar, no salva a otro hombre al que ve ahogarse en un río», sin embargo «sería un abuso del lenguaje afirmar que, al no salvarlo, lo está 'coaccionando' para que se ahogue»[30].

---

[28] A las amenazas físicas y sociales cabría añadir una tercera categoría: la de las amenazas metafísicas, que comprendería todas las expectativas punitivas de tipo religioso o espiritual (por ejemplo, la amenaza del castigo divino), o atribuibles a la propia conciencia. A ellas volveremos al profundizar en el concepto de deontología.

[29] No *válidamente* consentida, cabría especificar: no consentida por la persona capaz de entendimiento y volición.

[30] *We may despise a man who can swim and does not save a fellow man whom he sees drowning in a river, but it would be an abuse of language to assert that in failing to save the*

EL OCASO DE LA ABOGACÍA

Como cualquier otra amenaza de tipo social, la coactiva es siempre incierta hasta el momento en que se realiza. De aquí que la disciplina que lidia con ella, el derecho, sea necesariamente una ciencia inexacta. Aun cuando pudiéramos determinar con exactitud si se aplicó, y de qué manera, la coacción amenazante aquí y ahora en todas las situaciones equiparables precedentes, ello no nos revelaría infaliblemente si, y de qué manera, vendrá aplicada también en la presente y actual. Siendo el derecho, como realidad u objeto, la amenaza social coactiva, lo máximo que puede ofrecer la ciencia que lo estudia es una previsión probabilística. El juez Holmes definía esta ciencia como «las profecías de lo que los tribunales efectivamente harán, y nada más pretencioso»[31]. Nada excluye, ahora bien, que estas profecías se refieran, no sólo a los tribunales, sino a cualesquiera personas y agrupaciones de las mismas capaces de amenazar con el ejercicio de la coacción; es decir, a casi todo el mundo.

Sin que estas reflexiones quieran ser un elogio incondicional del realismo jurídico (tampoco él libre de aporías), sí respaldan la sospecha de que sus hallazgos podrían servir de antídoto interpretativo al abogado de nuestro ejemplo. Sus clientes —no me cabe duda— lo agradecerán.

---

drowning man he was «constraining» the latter to drown (LEONI, B.: *Freedom and the Law*, William Volker Fund, Princeton (NJ), 1961, pp. 54-55).

[31] *The prophecies of what the courts will do in fact, and nothing more pretentious, are what I mean by the law* (HOLMES JR., O. W.: *The Path of the Law* [1897], The Floating Press, 2009, p. 9).

CAPÍTULO 2

LA PROFESIÓN DE ABOGADO

La acuñación de una concepción del derecho como amenaza social coactiva es doblemente importante para la presente investigación. Por un lado, nos da el hilo del que necesariamente habremos de tirar en aras de definir la profesión de abogado. Por otro, será imprescindible para entender la naturaleza de muchas de las normas a las que esta profesión se ve sometida.

Este capítulo se dedica al primero de los objetivos mencionados. Apremia puntualizar que se trata de extraer un concepto atemporal y universalmente válido de la abogacía o profesión de abogado, aunque ello sea con la previsión de aplicarlo, en el momento culminante de nuestro estudio, a dicha profesión en un contexto espacio-temporal muy determinado (el español en el tiempo presente). En caso contrario, se correría el riesgo de adoptar una noción de la abogacía etnocéntrica, cronocéntrica o acríticamente positivista («el abogado es aquella persona que puede subsumirse en la definición que del mismo ofrece la norma escrita»). La metodología, a tal fin y por lo mismo, consistirá en el examen, en distintos escenarios histórico-culturales, de las más elocuentes manifestaciones de aquella profesión que, en cada uno de ellos, podemos reputar más próxima a lo que hoy se designa generalmente (léase: lexicográficamente) como abogacía.

1. El abogado en la antigüedad grecorromana

Se ha dicho con frecuencia que en la Grecia clásica, donde el proceso judicial imponía a cada parte su propia defensa —prohibiendo, por regla general, la intervención de terceros a estos efectos—, no existía la abogacía[32]. Meditemos si este parecer es certero mediante la consideración de las dos figuras de las que, *prima facie*, podría predicarse mayor parentesco.

La primera de ellas es la del «sinegor» (συνήγορος), que si bien «se aproxima al abogado moderno por el hecho de que defiende una causa no personalmente suya», se distancia en la medida en que «su oficio es siempre ocasional, y es exclusivamente un *munus publicum* carente de carácter profesional»[33]. En este caso, es seguro estimar que la naturaleza anómala de las situaciones en que, como excepción al referido principio de autodefensa, parece haberse admitido (tutela de menores o incapaces, interés directo del sinegor en la causa, amistad con el defendido) lo asemeja más a otras figuras e institutos (ministerio fiscal, legitimación activa de terceros titulares de interés legítimo, testigos, derechos y privilegios procesales varios) que propiamente a la profesión de abogado[34].

Muy distinto, empero, es lo que puede decirse de la segunda figura en cuestión: el logógrafo (λογογράφος), especializado en redactar discursos para su declamación por el litigante —y, a menudo, en adiestrarlo en un acompañamiento dramático que hiciera más persuasiva dicha declamación. Que, a diferencia de cuanto ocurre en los sistemas procesales que nos son más familiares, esta articulación oral del discurso correspondiera, *ope legis*, al defendido (en lugar del logógrafo, su autor), no sobrepasa la categoría de una singularidad anecdótica. A fin de cuentas, también los abogados modernos enseñan a sus clientes a responder las preguntas que se les dirijan, o a hacer buen uso de su derecho a la última palabra. Lo decisivo es que, al igual que nuestros abogados, los logógrafos eran los encargados de: (i) recabar argumentos, a los que las personas capaces de producir efectos coactivos ventajosos y adversos (principalmente, aunque no sólo, los jueces) fueran previsiblemente receptivas, a favor de determinados intereses; (ii) de hilarlos y presentarlos de manera

---

[32] Böckenförde llega al punto de afirmar que «no había juristas en Grecia» (*Juristen gab es in Griechenland nicht*; BÖCKENFÖRDE, E.-W.: *Vom Ethos der Juristen* [2010], 2ª ed., Duncker & Humblot, Berlin, 2011, p. 12).

[33] *Si avvicina all'avvocato moderno per il fatto che difende una causa non personalmente sua; se ne distacca, in quanto il suo ufficio è sempre occasionale, ed è esclusivamente* munus publicum *non avente alcun carattere professionale* (PAOLI, U. E.: *Enciclopedia italiana* [1936], voz «Sinegoro», disponible en: https://www.treccani.it/enciclopedia/sinegoro_(Enciclopedia-Italiana)/).

[34] VVAA: *A Dictionary of Greek and Roman Antiquities* (1890), voz «Synegorus», disponible en: http://www.perseus.tufts.edu/hopper/text?doc=S.synegorus-cn&f romdoc=Perseus%3Atext%3A1999.04.0063.

eficaz para la persuasión; (iii) con carácter profesional (remunerado y continuado en el tiempo), y (iv) en beneficio ajeno.

Roma, pues, no monopoliza el ejercicio de la abogacía en la antigüedad clásica; aunque sí deja en la profesión una huella mucho más profunda que la de Grecia. No en vano la palabra con la que nos referimos a ella (en español y en toda lengua romance: *avvocato, avocat, advogado*...) proviene inmediatamente de aquélla con que lo hacían los romanos (*advocatus*). Tampoco en vano denominamos «honorarios» (*onorario, honoraires, honorários*...; del latín *honorarium*) la retribución percibida por estos profesionales, cuyos servicios Roma pasa de entender como un puro deber cívico (prohibiendo la Lex Cincia, del 204 a.C., su remuneración) a normalizar como profesión (autorizando el emperador Claudio el pago por los mismos, por un montante máximo de 10.000 sestercios por asunto), pero vincula en todo caso a un ideal moral[35]. Es el *vir bonus dicendi peritus* (hombre honrado experto en hablar) de Catón[36], locución que Cicerón empleará como sinónimo de *advocatus*.

Ulpiano lo definirá como todo aquél que se ocupa de alguna manera de una causa (o litigio)[37]. Tan lata definición comprende holgadamente a los logógrafos y nos auxilia en el propósito de ofrecer una definición flexible de la abogacía. Con todo, y como veremos, será todavía posible restringir esta definición sin perder en versatilidad conceptual.

2. El abogado en el common law y en el sistema continental

Habiendo unido los destinos de nuestra definición de abogado a sus contornos conceptuales en la antigüedad grecorromana, es momento de preguntarse si su continuidad intergeneracional e intercultural abarca, no obstante sus hondas diferencias, los dos grandes sistemas jurídicos de occidente: el *common law* y el sistema continental europeo.

---

[35] Cf. PÉREZ PONFERRADA, G.: «Así era el ejercicio de la abogacía en la época romana», en: Confilegal, 13 de abril de 2020, disponible en: https://confilegal. com/20200413-asi-era-el-ejercicio-de-la-abogacia-en-la-epoca-romana/; RODRÍGUEZ-ENNES, L.: «Honorarios de los abogados en Roma», ponencia presentada en el XIV Congreso Latinoamericano de Derecho romano (2004), disponible en: http://www.edictum.com.ar/miWeb4/ponencias_14.htm, *passim*.

[36] QUINTILIANO, *Institutio oratoria*, XII, 1.

[37] *Advocatos accipere debemus omnes omnino, qui causis agendis quoquo studio operantur* (D 50.13.1.11).

Partiendo del *common law*, prontamente se advierte en este sistema la presencia estable de una profesión reconocible como abogacía; y, de hecho, su trascendencia. Especialmente a partir de finales del siglo XVI e inicios del XVII, el colectivo de los *barristers*, hasta entonces ligado a usos rituales de orientación tan jurídico-teórica como formativo-preparatoria para la profesión judicial, se asienta como gremio de expertos litigantes en defensa de intereses privados por razón de su conocimiento del derecho. En este contexto, y como reflejo de esta transformación, los tradicionales *readings*, ceremonias consistentes en la discusión pública de estatutos y otros textos legales, van perdiendo su antigua función cohesiva de este grupo profesional en beneficio de un objetivo que llega a revelarse opuesto: el *reader* aspira a adquirir una autoridad que, a la hora de pleitear, predisponga al juez a su favor. La decantación competitiva era probablemente inevitable en una época de auge de la actividad comercial y, con ella, de la litigiosidad, que obliga a los tribunales a admitir la intervención procesal de los más jóvenes egresados de las escuelas de Derecho (*Inns of Court*), y no sólo de los *barristers* de trayectoria consolidada[38].

Siendo, pues, ostensible la centralidad del abogado en la evolución del *common law*, se trataría de valorar si su particular forma de actuación en dicho sistema ha de condicionar de alguna manera el contenido de una definición omnímoda de la profesión. Sabemos que, en él, el jurista —y en particular el abogado— encuentra en el precedente y la costumbre sus principales fuentes de motivos y argumentos. Roscoe Pound lo explica por «una mentalidad acostumbrada a analizar las cosas en lo concreto, no en lo abstracto; […] que prefiere avanzar cuidadosamente, sobre la base de la experiencia, de tal o tal caso al siguiente, como la justicia en cada momento parezca demandar, a intentar referirlo todo a supuestos universales»[39]. Sería erróneo, ahora bien, descartar un respaldo filosófico de esta metodología. Eugen Ehrlich, Bruno Leoni y Friedrich Hayek, entre otros, han visto su fundamento en la protección de la expectativa legítima (razonable, probable, observable), más certeramente determinable por vía empírica, en la sucesión histórica de casos materialmente

---

[38] Cf. LEMMINGS, D.: «Ritual, Majesty and Mystery: Collective Life and Culture among English Barristers, Serjeants and Judges, c.1500–c.1830», en: VVAA: *Lawyers and Vampires: Cultural Histories of Legal Professions*, Hart Publishing, Oxford, 2003, pp. 33-34.

[39] POUND, R., et al.: *The Future of the Common Law. Addresses and Remarks by Roscoe Pound and Others*, Harvard University Press, Cambridge, 1937, p. 18.

relacionados, que por deducción de la norma escrita[40]. Sabedor de que este es el modo en que tiende a razonar el administrador de amenazas coactivas, el abogado del *common law* tenderá, a su vez, a intentar persuadirle de la irreprochabilidad de las expectativas de su cliente a la luz de los precedentes judiciales y de las prácticas generalmente observadas en situaciones similares a aquélla objeto de litigio, así como de la falta de justificación —en atención a estos mismos criterios— de las expectativas de la parte contraria.

El proceder del abogado del *common law* puede aparecer extravagante a los ojos del jurista formado en un sistema como el europeo continental, que proclama la ley escrita como fuente antonomástica del derecho y relega el precedente y la costumbre a un destino casi ornamental. Apelar a un ordenamiento distinto para cada concreto negocio en función de su configuración sociológica, al sentido común, a la equidad o a cualesquiera otras razones no expresamente contempladas por «el legislador» resulta poco efectivo donde la sacralización de la literalidad de la norma es estándar de corrección jurídica. De lo que se trata aquí es de demostrar que la estimación de la propia pretensión es lo deseado y prescrito por esta norma para un supuesto de hecho como el presente. El conocimiento de todas ellas se presume *iuris et de iure* de todo súbdito, versado o lego en derecho, y la expectativa legítima o razonable no es ya sostenible más que como voluntad resuelta de cumplimiento de las mismas. El método persuasivo, sí, varía; pero esto, como se decía de las peculiaridades operativas de los logógrafos, no presenta entidad más que accidental. A efectos de conceptualización, lo sustancial de la abogacía como profesión permanece, desplegándose con igual vigor en los dos sistemas examinados.

---

[40] «La preocupación principal de un juez del *common law* deben ser las expectativas que las partes de una transacción hayan podido formarse razonablemente sobre la base de las prácticas generales en que descansa el orden de acciones en curso. Al decidir qué expectativas eran razonables en este sentido, el juez puede tomar en consideración sólo aquellas prácticas (costumbres o reglas) que efectivamente pudieran determinar las expectativas de las partes y aquellos hechos que puedan presumirse en su conocimiento» (*The chief concern of a common law judge must be the expectations which the parties in a transaction would have reasonably formed on the basis of the general practices that the ongoing order of actions rests on. In deciding what expectations were reasonable in this sense he can take account only of such practices (customs or rules) as in fact could determine the expectations of the parties and such facts as may be presumed to have been known to them;* HAYEK, F., *op. cit.,* p. 82).

3. El núcleo conceptual de la abogacía

Pese a su brevedad, el recorrido precedente proporciona la importante intuición de que sea posible identificar una profesión de abogado con rasgos esenciales comunes en Grecia, Roma y los sistemas jurídicos anglosajón y continental; preparando así el terreno a una determinación, obediente a nuestros criterios epistemológicos e históricamente avalada, del núcleo conceptual de la abogacía.

Su definición en el Digesto como la dedicación a —o la actuación en— una causa (en el sentido de «litigio») nos parecía adecuada, pero ya entonces se atisbaba la posibilidad de aportar una definición más completa. Esta puede venir de la mano de una profundización en la noción de «causa». En un sentido jurídico amplio, la causa es todo intento de convencer a alguien, por medio de la argumentación (adopte esta la forma o lógica que adopte), de que confiera una determinada realización o materialización (o se abstenga de hacerlo) a las amenazas coactivas cuya administración o disposición está en su poder, o depende de su decisión. Rara es la persona que no se ve inmersa —por iniciativa propia o ajena— en causas a lo largo de su vida. Con muchas de ellas lidiamos personalmente, autónomamente: llamamos a la policía para que coaccione al vecino que hace ruido por la noche; recurrimos una multa de tráfico para no ser coaccionados a pagarla; al atracador que nos coacciona para que le entreguemos la cartera le pedimos que por lo menos nos permita conservar la documentación contenida en ella. Otras veces, sin embargo, reparamos en la conveniencia o necesidad (algunos aplicadores del derecho, como los tribunales españoles, lo requieren en la mayor parte de los casos) de recurrir a los servicios de otras personas especializadas en gestionar causas ajenas, dándoles la tramitación oportuna y argumentando a favor del litigante. Estos especialistas, que suelen dedicarse a esta actividad con carácter profesional, son los abogados.

El hecho de que en cada modelo de administración de amenazas coactivas el abogado opere de manera distinta no afecta a su continuidad conceptual. En todos ellos se aprecia, como dato constante, que el abogado se somete a aquellas exigencias, métodos, doctrinas, racionalidades, ritos y convenciones en los que detecta mayores probabilidades de hacer prosperar los intereses de su cliente: desde escribirle el alegato y enseñarle a escenificarlo hasta vestir de una determinada manera, pasando por una infinita variedad de técnicas argumentativas, jergas, expresiones de respeto y veneración, etc. Lo sustancial es el servicio prestado, que en toda sociedad madura es ampliamente demandado (en contraste con sociedades primitivas, donde, en línea con una pobre división del trabajo, la regla es la gestión individual de la propia causa) y que es empírica y gnoseológicamente consistente formular como *la argumentación a favor o en contra de la consumación de amenazas sociales coactivas según interese al cliente.*

Se dijo en el capítulo anterior que lo máximo a lo que puede aspirar la *ciencia* jurídica es una previsión probabilística: el pronóstico, siempre incierto, de lo que el aplicador del derecho hará. La *práctica* jurídica, en cambio, puede permitirse mayores ambiciones. En el caso del abogado, la habilidad predictiva, normalmente fraguada en la experiencia, es importante. Habitual entre los abogados en ejercicio es el cálculo de probabilidades de éxito de la pretensión del cliente para que este decida, bajo su responsabilidad, si pleitear o no. Pero el valor del abogado viene más determinantemente dado por su capacidad de influir en el resultado coactivo, *i.e.* jurídico; de subvertir las estadísticas. Quien se dedica exclusivamente a lo primero es un jurista puramente teórico o un asesor, pero en ningún caso un abogado. Es la segunda de estas ocupaciones lo que hace única su profesión[41].

---

[41] En tiempos, como los nuestros, de creciente popularidad de los métodos extrajurisdiccionales de resolución de conflictos, deviene usual incluir competencias como la negociación o la conciliación en la definición de la abogacía (véase, por todos, BUENO OCHOA, L.: *Ética de la abogacía*, Dykinson, Madrid, 2021, *passim*). Por nuestra parte, podemos decir de ellas lo mismo que de la asesoría o consultoría al subordinarlas a la argumentación litigiosa (aquélla directamente ordenada al desencadenamiento o evitación de efectos sociales coactivos) para verificar su pertenencia, o no, al ámbito conceptual de la abogacía. Desde esta lógica, un profesional que se dedica a asesorar, negociar, mediar, conciliar, etc., sería un abogado cuando, además de estos servicios, ofrece, llegado el caso, el consistente en procurar convencer al aplicador del derecho en sentido favorable a las pretensiones de su cliente; de tal suerte que aquellos servicios serían, a nuestros efectos, accesorios respecto de este.

CAPÍTULO 3

ÉTICA Y MORAL DEL ABOGADO

El interés de nuestra investigación descansa sobre la hipótesis de que, en el ejercicio de su actividad, el abogado —ya definido como el profesional encargado de favorecer o evitar la consumación de amenazas sociales coactivas, en función de los intereses de su cliente, por medio de la argumentación— está sometido a normas de distinta naturaleza. Habiendo observado una conexión muy significativa entre la noción de norma y la de amenaza, la cuestión bien puede derivarse a las categorías de amenazas de las que se ha hablado en el Capítulo 1. Como en él se señalaba, no toda amenaza que acecha al hombre (también, por supuesto, en su calidad de profesional) es de tipo social coactivo. Si así fuera, podría concluirse sin mayor dilación que el estatuto del abogado, esto es, el conjunto de normas reguladoras de su profesión es puramente jurídico. Nuestra hipótesis, sin embargo —y así lo irá ilustrando el desarrollo sucesivo del estudio—, es que amenazas de naturaleza no jurídica planean, asimismo, sobre la abogacía.

El presente capítulo trata un sector, el llamado ético-moral, de estas normas no jurídicas reguladoras del comportamiento humano en general, así como, más concretamente, del comportamiento profesional, y, en un tercer nivel de especificidad, de la actuación del abogado.

1. Hacia una distinción entre ética y moral

Concentrar en un mismo lugar el tratamiento de la ética y el de la moral probablemente no es algo que extrañe a nadie. A menudo se ha considerado bizantina la distinción entre ambas, incluso entre aquellos que la suscriben. Hay una cierta verdad en la tesis de Ortiz Millán, para quien «no hay nada en la etimología de las palabras 'ética' y 'moral', ni en el empleo que diversos filósofos han hecho de estos términos a lo largo de la historia, que nos imponga un determinado significado para el uso de cada una de ellas», de suerte que su definición diferenciada tendría fundamento estipulativo[42]. No obstante, es precisamente por entender que dicha distinción, por cuanto tenga de discrecional o estipulativa (que, a mi juicio, no lo es todo), constituye la mejor manera de esclarecer el significado de una y otra, que las abordo conjuntamente.

Dispares —y, en muchos casos, contradictorios unos respecto de otros— son los criterios de discriminación que se han propuesto en este sentido. Gustavo Bueno, por ejemplo, define la ética como «porción de la praxis orientada a la preservación racional del individuo corpóreo», en contraposición a la moral, que se orientaría a la preservación de la comunidad en unas determinadas condiciones: «las costumbres (mores) sociales constitutivas». Esta diversidad de orientaciones (individual de la ética, colectiva de la moral) es el motivo por el que, «en múltiples circunstancias, las normas éticas entran en conflicto con las normas morales»; a título de ejemplo, «es ético tratar de salvar a un individuo secuestrado por una banda de terroristas, pero es inmoral tolerar que este individuo, o sus familiares, paguen el rescate exigido por la banda». Seguidamente afirma Bueno que «las normas éticas, que se refieren a la fortaleza de la individualidad corpórea, son más universales que las normas morales, en la medida en que el sujeto corpóreo es también más universal (aunque más abstracto) que las sociedades políticas históricas»[43].

No consta, sin embargo, desde qué orden o disciplina emita Bueno este último veredicto, que parece trascender tanto a la ética como a la moral para sugerir una primacía filosófica de la primera sobre la segunda (si es que universalidad puede llegar a suponer primacía normativa). Planteado el problema de otra manera, el agotamiento de la distinción en la atribución de carácter moral o ético a unas normas y otras en función del carácter individual o comunitario de su objeto, de su destinatario o de su razón de ser nos priva de una plataforma valorativa o fiscalizadora a partir de la cual juzgar la norma positiva (en el sentido de observable como vigente) no jurídica (llámese ética o moral). Ante la imposibilidad de evocar en este punto todas las distinciones relevantes entre ética y moral, y por erigirse en uno de los sistemas de pensamien-

---

[42]   ORTIZ MILLÁN, G.: «Sobre la distinción entre ética y moral», en: *Isonomía*, n° 45 (octubre de 2016), pp. 114-115.

[43]   BUENO, G.: *Teoría del cierre categorial 5: El sistema de las doctrinas gnoseológicas. Adecuacionismo. Circularismo*, Pentalfa, Oviedo, 1993, p. 200.

to más influyentes en el mundo hispano, esta insuficiencia se reprocha aquí al materialismo filosófico de Gustavo Bueno; pero, en realidad, es extrapolable a toda distinción que no someta uno de los componentes del binomio a evaluación por parte del otro.

De ahí que cobre sentido la visión que concibe la moral como el conjunto de valores, usos, prácticas y reglas no jurídicas de conducta generalmente reconocidos y observados en una sociedad, y la ética como una reflexión sobre la moral así entendida. Es esta una distinción bastante extendida, refrendada por voces tan autorizadas como las de José Luis López Aranguren[44] y Fernando Savater[45]. Distinción que, además, no proscribe enteramente la dualidad entre lo individual y lo colectivo, si bien le otorga un nuevo significado: la moral sería colectiva en tanto que todo individuo la recibe del grupo —y la pone en práctica— antes de cuestionársela; la ética sería individual en el sentido de que sólo el individuo, único sujeto de razón, puede llevar a cabo dicho proceso de cuestionamiento o sometimiento a reflexión de la moral.

La diferenciación acogida tiene importantes implicaciones, que, como digo, facilitan la comprensión de la naturaleza del orden normativo no jurídico aquí estudiado. La primera de ellas es la renuncia a una presunción de inmanencia de dicho orden que redujera nuestras posibilidades a una crítica de la moral y/o de la ética desde sí mismas, lo que, parafraseando a Luigi Marco Bassani, equivaldría a «una suerte de glorificación hegeliana de lo existente»[46]. Frente a ella se adopta una concepción trascendente en tanto que abierta a una crítica de la moral desde la ética; en la misma línea en que se ha abrazado una teoría del derecho realista pero, al mismo tiempo, permeable a la crítica del derecho realmente existente a la luz de un ideal de justicia. Que esta actitud no participe del idealismo que se le puede censurar al inmanentismo hegeliano o de otras formas de dogmatismo dependerá de nuestra capacidad de atender a la realidad de la naturaleza del hombre a la hora de evaluar éticamente su comportamiento.

---

[44] La ética como moral pensada, o reflexión sobre la moral vivida (ARANGUREN, J. L.: *Ética* [1958], 7ª ed., Alianza, Madrid, 1981, *passim*).

[45] SAVATER, F.: *Ética para Amador* (1991), 45ª ed., Ariel, Barcelona, 2004, pp. 54-55.

[46] La *sorta di hegeliana glorificazione dell'esistente* contra la que alerta Bassani es el abandono de criterios extrapositivos y metaempíricos en la valoración del derecho, percibiendo erróneamente todas las manifestaciones de este como espontáneas o necesarias (cf. BASSANI, L. M.: «Introduzione», en: LEONI, B.: *Il pensiero politico moderno e contemporaneo*, Liberilibri, Macerata, 2008, p. xxxvi).

Una segunda implicación de esta distinción que resultará muy valiosa para nuestra investigación tiene que ver con la espontaneidad del orden moral. La división de los órdenes o disposiciones de actuaciones humanas en «órdenes diseñados o planificados» (τάξεις) y «órdenes espontáneos» (κόσμοι) ha sido una de las grandes aportaciones de Friedrich Hayek a la ciencia social[47]. Los primeros tienen su origen en un mandato o decreto emitido por un individuo o grupo concreto que, en un momento dado, establece deliberadamente el orden en cuestión con vistas a un fin, normalmente previendo sanciones y reajustes en caso de desviación. Aquélla que Hayek denomina «perspectiva constructivista», inspirada en el racionalismo cartesiano, se caracterizaría por el solo reconocimiento de este tipo de órdenes, sosteniendo que «las instituciones humanas servirán fines humanos sólo si han sido deliberadamente diseñadas para estos fines»[48]. A ella se opone la «perspectiva evolutiva», característica de la ilustración escocesa, que afirma y reivindica el orden espontáneo: aquél que «no habiendo sido creado [consciente o deliberadamente por nadie], no es lícito decir que tenga un fin particular»[49]. Uno de estos órdenes espontáneos es la moral. Son muchas las reglas de comportamiento que constantemente observamos al interactuar en sociedad, con independencia de que vengan respaldadas, o no, por amenazas sociales coactivas. En ocasiones, de hecho, amenazas sociales de tipo no coactivo (el despido, el boicot comercial, el desprecio, la exclusión de la comunidad) pueden llegar a ser más disuasorias que las coactivas, definitorias del derecho. Pero, en la mayoría de los casos, no puede decirse que este orden moral tenga un autor determinado, que lo haya diseñado para una sociedad concreta en pos de un específico objetivo. El orden moral es anónimo; es resultado de una infinidad de interacciones a lo largo de los siglos; es, en definitiva, espontáneo. Y ello, lejos de impedir que sirva fines humanos, favorece precisamente que sirva cotidianamente una gran variedad de

---

[47] Aunque Murray Rothbard retrotrae el descubrimiento del orden espontáneo a Zhuangzi (ROTHBARD, M. N.: «Concepts of the Role of Intellectuals in Social Change Toward Laissez Faire», en: *The Journal of Libertarian Studies*, vol. IX, n° 2 [otoño de 1990], p. 46) y se trata de un tema central en la ilustración escocesa (David Hume, Adam Ferguson, Adam Smith…) y la escuela austriaca de economía (Carl Menger, Ludwig von Mises, el mismo Rothbard…), el estudio más pormenorizado se encuentra en el *Law, Legislation and Liberty* (1973-79) de Hayek.

[48] *The [constructivist] view holds that human institutions will serve human purposes only if they have been deliberately designed for these purposes* (HAYEK, F., *op. cit.*, p. 10).

[49] *Not having been made [, a spontaneous order or* kosmos*] cannot legitimately be said to* have a particular purpose (*ibid.*, p. 37).

los mismos —seguramente mucho mejor de como lo haría un código de conducta elaborado por un sabio, un comité de expertos o una asamblea intachablemente democrática.

Pero espontaneidad no es, ni mucho menos, sinónimo de perfección. La moral puede y debe ser sometida a reflexión y a crítica desde la razón. De esto se ocupa la ética, que, por lo mismo, no puede ser pensamiento puramente abstracto o especulativo, sino que es siempre, como enseña Aranguren, pensamiento de la moral vivida.

El mismo Aranguren nos presenta a Aristóteles como maestro por excelencia de esta ética comprometida con la moral vivida, de la que se sabe constitutivamente dependiente[50]. De la Ética a Nicómaco nos dice que «es el primer libro de Ética y también el más importante que se ha escrito nunca»[51]. Entre los descubrimientos de Aristóteles brilla con luz propia el relativo al carácter teleológico de esta ciencia, que pasa a valorar la acción humana en atención a los fines propios del hombre. El más perfecto de ellos es la felicidad, «pues la elegimos siempre por ella misma y nunca por otra cosa»[52]. (Ayn Rand, heterodoxa discípula de Aristóteles, la definiría como «un estado de alegría no contradictoria»[53].) Observa Aristóteles que otros candidatos, como «los honores, el placer, el entendimiento y toda virtud los deseamos ciertamente por sí mismos (pues aunque nada resultara de ellas, desearíamos todas estas cosas), pero también los deseamos en vista de la felicidad, pues creemos que seremos felices por medio de ellos»[54].

Uno solo es, pues, el fin último del comportamiento humano; y, con él, de las normas no jurídicas —ora positivas o realmente existentes, ora ideales o reflexivo-valorativas— reguladoras del mismo. Pero muchos son los fines en los que confluye la condición de medios, al menos aparentes, respecto de la felicidad. Si sólo un fin, valor o virtud condujera a la felicidad, la ética se reduciría a la simple ecuación «persigue ese fin, valor o virtud, y serás feliz». Existiendo, sin embargo, tantos fines-medios

[50] Cf. ARANGUREN, J. L., op. cit., p. 60.

[51] Ibid., p. 9.

[52] ἡ εὐδαιμονία [...] γὰρ αἱρούμεθα ἀεὶ δι᾽ αὐτὴν καὶ οὐδέποτε δι᾽ ἄλλο (Ética a Nicómaco, I, 1097b-1098a).

[53] A state of non-contradictory joy (RAND, A.: For the New Intellectual, Signet, Nueva York, 1961, p. 147).

[54] τιμὴν δὲ καὶ ἡδονὴν καὶ νοῦν καὶ πᾶσαν ἀρετὴν αἱρούμεθα μὲν καὶ δι᾽ αὐτά (μηθενὸς γὰρ ἀποβαίνοντος ἑλοίμεθ᾽ ἂν ἕκαστον αὐτῶν), αἱρούμεθα δὲ καὶ τῆς εὐδαιμονίας χάριν, διὰ τούτων ὑπολαμβάνοντες εὐδαιμονήσειν. τὴν δ᾽ εὐδαιμονίαν οὐδεὶς αἱρεῖται τούτων χάριν, οὐδ᾽ ὅλως δι᾽ ἄλλο (Ética a Nicómaco, I, 1097b-1098a).

en esta dirección, y siendo, por consiguiente, todos ellos parciales, es precisa una cierta conciliación o armonización racional de los mismos. Semejante operación compete a la ética. La propuesta aristotélica de buscar casi siempre el término medio ha de entenderse, en esta lógica, como invitación a sacar de cada fin-medio el máximo provecho compatible con el cultivo, igualmente moderado, de los demás fines-medios. Esta búsqueda se propone en relación con todos los fines-medios a excepción de la virtud, que implica precisamente la capacidad de armonizarlos racionalmente, y en la que, por tanto, no es nocivo el exceso.

2. Ética y moral en el ejercicio de la abogacía

Al hilo de la distinción entre moral y ética, se ha asumido la definición de la primera como el conjunto de valores, usos, prácticas y reglas no jurídicas de conducta generalmente reconocidos y observados en el seno de una sociedad, y de la segunda como la reflexión sobre la moral así concebida. La invocación de Aristóteles no ha hecho sino enriquecer esta composición de lugar, descubriéndonos la natural orientación teleológica de una y otra: actuamos de una determinada manera en pos de unos fines, entre los cuales sobresale la felicidad como fin último o perfecto, que no se persigue por ningún otro sino exclusivamente por sí mismo; despertamos a la reflexión, valoración y crítica del comportamiento, propio y ajeno, cuando nos damos cuenta de que podría no ser el más adecuado a la consecución de unos fines —y, en última instancia, de la felicidad—, aunque también, cómo no, movidos por el deseo de reafirmar una moral vivida objeto de crítica por parte de otro sujeto ético (por reputarla, contra él, efectivamente conducente a la felicidad).

La moral y la ética de la abogacía no podrían ser sino esto mismo en un ámbito muy concreto y a unos efectos muy determinados: los del ejercicio de la profesión de abogado, tal y como ha quedado definida. Toda profesión supone un encuentro de medios y fines: recurrimos al profesional confiando en que un medio del que disponemos pueda representar un fin (o, mejor, un fin-medio, como decía Aristóteles que son el placer, los honores, el entendimiento o las virtudes) para él; al tiempo que el profesional confía en que el bien o servicio que ofrece (en tanto que fin-medio para el cliente, o medio necesario para el ulterior alcance de un fin-medio) constituya un medio idóneo para ser intercambiado por algo que percibe como fin-medio. Lo primero en lo que se piensa al hablar de un medio desde la perspectiva del cliente que, desde la del profesional, es un fin-medio, es, naturalmente, el dinero. Habría que puntualizar que no siempre es así. Son muchos los profesionales, abogados incluidos, que desempeñan parte de su trabajo *pro bono*, llegando a ofrecer sus servicios gratuitamente a determinados clientes y en determinadas ocasiones: pobreza, singular identificación con sus necesidades, inversión de tiempo y esfuerzo en el propio desarrollo profesional (piénsese en un estudiante en prácticas, o en un investigador médico que, ayudando gratuitamente a un paciente, experimenta con nuevos métodos o extrae conclusiones científicamente relevantes), etc. En la mayor parte de estos casos, cabría entender que el fin perseguido por el profesional es otro: el honor, la estima de sus colegas y/o de la sociedad, el propio perfeccionamiento como profesional, la adquisición de conocimiento... Pero quizá no sería justo presumir —aunque nada indigno, a mi modo de ver, haya en ello— que este tipo de actuaciones vienen siempre motivadas por un fin; que son siempre interesadas. Tal vez sea también posible la actuación *pro puro bono*, con absoluta indiferencia respecto de cualesquiera consideraciones teleológicas. Lo *ateleológico*, ahora bien, y de acuerdo con los presupuestos aristotélicos de los que partimos, parecería quedar fuera del ámbito de la ética. De ello hablaremos más adelante.

En la medida en que, en el ejercicio de una profesión como en cualquier aspecto de la vida, constantemente se nos presenta —a modo de posibilidades— una gran variedad de comportamientos de potencial relevancia medial, deviene aconsejable afrontar la elección de medios y fines (fines-medios) desde la razón en su proyección ética. No todo el mundo lo hace: hay quien, menos propenso a este tipo de reflexión, prefiere abandonarse a la moral vivida, automatizando la forma de actuar que una intuición curtida por la educación, la experiencia y la costumbre le revela más eficaz de cara a los fines que otras personas suelen anhelar, y que más felicidad parecen reportar. El sujeto éticamente consciente, en cambio, repara en que algunas actuaciones profesionales, que tomadas aisladamente podrían juzgarse beneficiosas para algunos de los fines propios de la profesión, pueden, en manifestaciones extremas, inoportunas o desproporcionadas, interferir con otros fines o intereses igualmente importantes. La intervención quirúrgica puede ser la actuación indicada con vistas a fines como devolver la salud a los pacientes, el sustento económico del cirujano, o su perfeccionamiento profesional. Operar catorce horas seguidas todos los días para maximizar la satisfacción de estos fines, ahora bien, podría ser contraproducente respecto de todos ellos, amén de perjudicar otros fines conexos: aunque el derecho permitiera este exceso, su colectivo profesional lo desaprobaría, con todas las consecuencias reputacionales y sociales que esto conlleva (y sólo un profesional mantenido con independencia de la demanda real de sus servicios puede permitirse el lujo de desentenderse de ellas); por otro lado, la calidad de vida de este cirujano, por boyantes que fueran sus ingresos, sería deplorable. El sujeto nudamente moral, éticamente inconsciente, no actúa de esta manera porque «algo le dice que no le irá bien»; el sujeto éticamente consciente ha pensado lo que aquél solamente vive, y *sabe por qué* no actúa así.

Las amenazas sociales coactivas constituyen una normal y legítima preocupación del ser humano. Es natural, por tanto, que existan profesionales dedicados a ellas, ya sea mediante la misma coacción (policías, militares, agentes de seguridad…) o a través de la argumentación (abogados), de igual modo que existen profesionales (como los médicos) dedicados a las amenazas de tipo físico. Cada profesión tiene lo que podríamos denominar *un fin fundante*, motivo de su surgimiento y razón de ser de su existencia. Sin perjuicio de que este fin no sea absoluto —sino, a fin de cuentas, parte del camino a la felicidad— y deba ser conciliado con muchos otros fines también implicados por la naturaleza de la actividad en que consista la profesión, sí puede decirse que es irrenunciable; pues, traicionado él, la actividad pierde su condición profesional en tanto tal profesión. De ahí que los quebrantamientos ético-morales de mayor gravedad, merecedores de mayor repulsa, sean generalmente los que comprometen este fin fundante que confiere un determinado sentido profesional a la actividad. Pues bien, tratándose de la abogacía, el fin fundante es ese control de las amenazas sociales coactivas que las personas necesitamos para que nuestras vidas sean soportables. En su forma más leve, la ausencia de semejante control es molesta; en sus manifestaciones más agresivas, es fuente de angustia[55] y de miseria[56]. En

---

[55] Xavier Zubiri («Las fuentes espirituales de la angustia y de la esperanza» [1961], en: *Revista de filosofía* [Universidad Complutense de Madrid], 3ª época, vol. IV [1991], nº 6, p. 244) apuntaba a la ausencia de una mínima estabilidad jurídica y social como fuente de angustia del hombre contemporáneo.

[56] La referencia canónica es la descripción que hace Hobbes del estado de naturaleza o «condición natural de la humanidad» (en *Leviathan*, Part I, Chapter 13). «Mientras los hombres viven sin un poder común que los someta, se encuentran en la condición conocida como guerra, y una guerra de todos contra todos». Múltiples penurias caracterizan esta condición, pero la peor de ellas, dice Hobbes, es «el constante miedo y peligro de muerte violenta». En ella, la vida es «solitaria, pobre, inmunda, salvaje y corta» (*During the time men live without a common power to keep*

todo caso, es una circunstancia indeseable que nos aleja de la felicidad, y a la que el abogado, a su manera, puede poner remedio.

A la hora de argumentar con el fin de ahuyentar o desencadenar determinados efectos sociales coactivos, el abogado, ahora bien, debe tener presente la concurrencia de otros fines, valores e intereses involucrados en el ejercicio de esta actividad, y que pueden verse afectados y lesionados por ella. No es necesario que el abogado se plantee esto como un conflicto de sus fines e intereses con los de otros agentes (la parte contraria, la sociedad...). El cirujano del ejemplo propuesto no sólo dañaba, con su insensatez, los legítimos fines de sus pacientes (recobrar la salud), sino también los propios (desprestigiándose, entre otras cosas); análogamente, el abogado que abusa de unos medios y fines en menoscabo de otros no sólo obra contra intereses ajenos, sino también contra los propios. Es por ello que la práctica de la abogacía ha experimentado una evolución regulatoria (y autorregulatoria) incluso en aquellos contextos en que esta no ha venido impuesta coactivamente. Es más, las normas jurídicas que actualmente regulan la abogacía son, en muchos casos, atribuciones de fuerza coactiva a normas que anteriormente no la habían tenido, y que no por esto habían sido menos respetadas. El Preámbulo de nuestro Código Deontológico reconoce que «durante siglos, los escasos cambios operados en las funciones de quienes ejercen la Abogacía y en la propia sociedad motivaron pocas modificaciones en unas normas deontológicas que venían acreditándose como eficaces para la alta función que le estaba reservada», si bien considera que, en el momento actual, estas normas deben ser objeto de la juridificación y las modificaciones que «durante siglos» no precisaron.

---

them all in awe, they are in that condition which is called war; and such a war as is of every man against every man ... In such condition there is ... continual fear, and danger of violent death ... the life of man, solitary, poor, nasty, brutish, and short; HOBBES, T.: Leviathan [1651], Oxford, Nueva York, 1998, p. 84).

CAPÍTULO 4

DEONTOLOGÍA DEL ABOGADO

La introducción al capítulo precedente explicitaba la hipótesis de que no toda amenaza a tener en cuenta —por el hombre, por el profesional, por el abogado— es de tipo social coactivo (es decir, jurídico). Evidentemente no aludíamos con ello a la concurrencia de las amenazas físicas o naturales (que, existiendo, y siendo conveniente tenerlas muy presentes, escapan a los intereses de nuestra investigación). Se trataba, antes bien, de situar en su correspondiente órbita normativa aquellas categorías de las que se hacía notar que son, con frecuencia, objeto de confusión y referencia indistinta, pero que progresivamente van adoptando contornos conceptuales diferenciados: ética, moral, deontología.

Son, todos ellos, órdenes no jurídicos de normas o amenazas. De ellos se ha analizado ya el sector ético-moral. En este capítulo se procede a la indagación del otro gran sector, el llamado deontológico (del griego δέον: aquello que es correcto, debido o necesario), con especial atención a aquellas características que, en efecto, lo disgregan del orden no jurídico de adscripción ético-moral.

1. La doctrina kantiana del deber

Obligado, en este cometido, parecería partir de la aportación de Jeremy Bentham, quien acuñara el término «deontología» en la obra del mismo nombre, publicada póstumamente en 1834. La consideración de su contenido, empero, pone de manifiesto una total identidad epistemológica respecto de la ética, según la hemos definido. Bentham, de hecho, presenta la deontología como sinónimo de «ciencia de la moral» (el título completo del tratado es *Deontology; or, The Science of Morality*) y

49

de ética «en el sentido más amplio de la palabra»[57]. Al igual que la ética aristotélica, la «deontología» benthamiana es abiertamente teleológica, y propugna como fin último («más elevado y general») la felicidad[58]. Bentham, que se la representa como bienestar (*well-being* o *welfare*), es un individualista optimista: el deber (conducente a la mayor felicidad del mayor número) no puede desligarse del interés personal (conducente a la mayor felicidad propia), pues uno y otro coinciden, en tanto en cuanto que una felicidad y otra se retroalimentan. El utilitarismo de Bentham se concreta en originales reflexiones y perspicaces interpretaciones de la conducta humana, pero sería inútil rastrear en él los fundamentos de un orden diferenciado de la ética y la moral.

No es fácil, en realidad, dar con una propuesta normativa no jurídica con la que dotar de significado a la deontología sin confundirla con el orden ético-moral. Las únicas opciones en este sentido parecen residir en la doctrina del deber de Immanuel Kant, con independencia de que nunca empleara el término acuñado por Bentham. Kant, en efecto, postula el imperativo categórico, determinante del deber, en expresa oposición al hipotético, materia de cualquier otro régimen normativo. «Todo imperativo», dice, «exige o hipotética o categóricamente. Aquél presenta la necesidad práctica de un comportamiento posible como medio hacia otra cosa [...]. El imperativo categórico sería aquél que presenta un comportamiento por sí mismo, sin referencia a otro fin, como objetivamente necesario»[59]. Si el derecho o la ética (Kant habla de «reglas de la habilidad» y «consejos de la prudencia») se fundan en la pregunta «¿para qué?» (cumplir la ley *para* no ser sancionado, ser virtuoso *para* ser feliz), el imperativo categórico sería el único que se pregunta «¿por qué?» a la hora de prescribir una conducta. El criterio, así, no puede ser ya la conveniencia o necesidad en pos de un fin —no puede ya ser teleológico—, debiendo formularse como el «respeto por

---

[57] *Deontology, or* Ethics *(taken in the largest sense of the word)* ... (BENTHAM, J.: *Deontology, together with A Table of the Springs of Action and The Article on Utilitarianism* [1834], Clarendon Press, Oxford, 1983, p. 124).

[58] Cf. *ibid.*, p. 125.

[59] *Alle Imperativen nun gebieten entweder hypothetisch, oder kategorisch. Jene stellen die praktische Notwendigkeit einer möglichen Handlung als Mittel, zu etwas anderem [...], vor. Der kategorische Imperativ würde der sein, welcher eine Handlung als für sich selbst, ohne Beziehung auf einen andern Zweck, als objektiv-notwendig vorstellte* (KANT, I.: *Grundlegung zur Metaphysik der Sitten* [1785], en: *Werke: Akademie-Textausgabe. Band 4: Kritik der reinen Vernunft [1. Aufl. 1781]; Prolegomena; Grundlegung zur Metaphysik der Sitten; Metaphysische Anfangsgründe der Naturwissenschaften*, De Gruyter, Berlin, 1978, p. 414).

la ley» (*Achtung fürs Gesetz*). No se trata aquí, naturalmente, de ley en sentido jurídico, sino de una invitación de la razón a obrar «de tal modo que la máxima de tu voluntad siempre pueda valer al mismo tiempo como principio de legislación universal»[60], es decir, que, adquiriendo la máxima validez objetiva que cabe concebir (igual predicabilidad respecto de todo sujeto humano), no se le pueda reprochar inclinación (*Neigung*). En otra enunciación del imperativo categórico, Kant traduce esta universalidad en tratar «a la humanidad, tanto en tu persona como en la persona de cualquier otro, siempre al mismo tiempo como fin y nunca simplemente como medio»[61].

La idea de que sea posible la acción humana *no ordenada a un fin* (la utilidad, el placer, la felicidad...), sino únicamente *obediente a una razón* (el deber, la observancia de la ley universal, la veneración de cada persona como fin en sí mismo), ha sido amplia y vigorosamente impugnada. John Stuart Mill, por ejemplo, observará que Kant, con el imperativo categórico, «está reconociendo implícitamente que el agente, al determinar conscientemente la moralidad de una acción, debe tener en cuenta el interés de la humanidad colectivamente, o al menos indiscriminadamente, considerada»[62]; con lo que, a fin de cuentas, no habría conseguido diferenciarlo de una propuesta teleológica. Por otra parte, atendiendo a nuestros desarrollos anteriores, la norma deontológica tal y como Kant la perfila se hace difícilmente integrable en la noción, aquí asumida, de la norma como amenaza. Una categoría normativa que excluye la recompensa (o, más exactamente, la ponderación de la misma en la toma de decisiones) es también, necesariamente, ajena a la amenaza de efectos adversos en caso de transgresión. Cumplir con el propio deber *por* el mismo deber parecería ser lo opuesto a actuar para

---

[60] *Handle so, daß die Maxime deines Willens jederzeit zugleich als Prinzip einer allgemeinen Gesetzgebung gelten könne* (KANT, I.: *Kritik der praktischen Vernunft* [1788], Georg Reimer, Berlin, 1908, p. 30).

[61] *Handle so, dass du die Menschheit sowohl in deiner Person, als in der Person eines jeden anderen jederzeit zugleich als Zweck, niemals bloß als Mittel brauchst* (KANT, I.: *Grundlegung... op. cit.*, p. 429).

[62] *When Kant (as before remarked) propounds as the fundamental principle of morals, 'So act, that thy rule of conduct might be adopted as a law by all rational beings,' he virtually acknowledges that the interest of mankind collectively, or at least of mankind indiscriminately, must be in the mind of the agent when conscientiously deciding on the morality of the act* (MILL, J. S.: *Utilitarianism* [1863], en: *Utilitarianism and On Liberty* [1863, 1859], Blackwell Publishing, Oxford, 2003, p. 225).

obtener una recompensa, o para evitar una amenaza (evitación que, en cierto modo, es también una recompensa)[63].

Las complicaciones de la ortodoxia kantiana aconsejarían tantear, en este punto, la factibilidad de una explicación teleológica de la deontología que, sin embargo, no la equiparara a la ética (como ocurriera en Bentham). A este objeto, apremiaría preguntarse qué tipo de amenaza podría respaldar la norma deontológica. Salvo lectura psiquiátrica de la cuestión, la amenaza, ciertamente, no podría ser natural. ¿Social, entonces? Lo social coactivo es privativo del derecho, mientras que entender que la amenaza deontológica es social no coactiva sería, una vez más, identificarla con la amenaza moral. Toda amenaza social es heterónoma, mientras que el código de comportamiento del imperativo categórico (léase la deontología), enseña Kant, es autónomo[64].

Exponiendo mi teoría de la norma como amenaza, anticipaba en nota al pie que «a las amenazas físicas y sociales cabría añadir una tercera categoría: la de las amenazas metafísicas, que comprendería todas las expectativas punitivas de tipo religioso o espiritual (por ejemplo, la amenaza del castigo divino), o atribuibles a la propia conciencia». En el caso del deber dictado o reconocido por la conciencia, la amenaza consistiría en la indignidad que supondría defraudarla. Semejante modalidad de amenazas es la única que podría casar con el orden deontológico.

La solución planteada presenta una doble virtud. Por un lado, nos exime de aceptar dogmáticamente la afirmación kantiana de un régimen normativo no teleológico; afirmación que, como hemos visto, se ve sometida a objeciones de ardua, si no imposible, superación, y contradice una intelección de la norma como amenaza que en otros escenarios se

---

[63] Todo esto sin perjuicio de que, en el día a día, la realidad de la actuación desinteresada (debida) y la interesada (en términos morales o jurídicos) suela coincidir. El bombero se afana en salvar a las víctimas de un incendio por motivos deontológicos (es su deber), ético-morales (escabullirse le merecería el desprecio de sus compañeros y de la sociedad) y jurídicos o estatutario-disciplinarios (la omisión de dicho comportamiento podría acarrear su sanción); motivos que, habitualmente, concurren y se solapan. Así las cosas, la mejor manera de vislumbrar la distinción entre órdenes es proceder como Gustavo Bueno con el ejemplo del secuestro (supuesto en el que, según el materialismo filosófico, la ética exhortaría al pago del rescate, al tiempo que la moral lo proscribiría): imaginar situaciones de conflicto, donde las exigencias de unas categorías normativas puedan colisionar con las de otras. Aterrizando este método en la abogacía, podría pensarse en el abogado que, pudiendo asumir otros casos, y sin encontrar particular satisfacción en ello, acepta defender a un criminal masivamente despreciado por sus conciudadanos, atrayendo así la repulsa y hostilidad de estos últimos.

[64] Cf. KANT, I.: *Grundlegung… op. cit.*, pp. 440 y ss.

había demostrado altamente clarificadora. Por otro lado, nos permite configurar un concepto de deontología netamente independiente de la ética y la moral. No obstante la admisión de su carácter teleológico, con el consiguiente riesgo de disolución en lo ético-moral, se destaca la unicidad de aquél, referido específicamente a la satisfacción de las exigencias de la conciencia personal. Lo distintivo de la deontología —y en este punto la fidelidad al magisterio kantiano es impecable— es la perfecta autonomía de su fundamento, que, a diferencia de cualesquiera otros órdenes normativos, resulta impermeable a toda motivación heterónoma: no cumplimos con nuestro deber contra el castigo externo (coactivo o no), sino contra el que nos inflige nuestra conciencia cuando la traicionamos. A partir de aquí, que la conciencia sea fin supremo o, por el contrario, sirva en último término al constituido por la felicidad[65], no afecta a la autosuficiencia epistemológico-normativa de la deontología.

En el capítulo anterior se contemplaba la hipótesis de la actuación profesional *pro puro bono*, esto es, indiferente a motivaciones finalistas. Lo argüido con respecto a la naturaleza de la deontología posibilitaría una reinterpretación de tales actos desinteresados como ejercicio profesional *ad purum bonum*: para, o hacia, una idea del bien «purificada» por la autoridad de no depender de imposiciones o estímulos exógenos, sino únicamente del criterio o convicción personal. A menudo se menosprecia la disposición caritativa o solidaria bajo la imputación de que se realiza «para acallar la conciencia»; Nietzsche la denunciaba alegóricamente al contraponer la actitud vitalista de Zaratustra a la de aquel sabio respetado por saber «hablar bien del sueño y de la virtud», que predicaba la necesidad de esta última «para dormir bien»[66]. No se explica, sin embargo, por qué dar satisfacción a la conciencia no pudiera ser un fin de la mayor nobleza. A quienes niegan que lo sea cabría preguntarles qué

---

[65] La disyuntiva es interesante. El cumplimiento del deber forzosamente trae consigo una justa complacencia que, sin duda alguna, nos hace más felices, y de la que no parece viable hacer abstracción en el momento de decidirse por dicho cumplimiento. Si podemos aventurar, en un plano puramente especulativo, que haríamos lo que debemos a pesar de no producirse ese efecto colateral eudemónico (cosa imposible), o, en términos menos irreales, que lo haríamos —que lo haremos— a pesar de que los efectos morales y jurídicos adversos nos vayan a hacer más infelices de cuanto la satisfacción del deber cumplido vaya a hacernos felices, entonces podremos postular semejante satisfacción, y no la felicidad, como fin supremo de la deontología.

[66] En: *Also sprach Zarathustra*, Erster Teil, «Von den Lehrstühlen der Tugend» (cf. NIETZSCHE, F.: *Also sprach Zarathustra I-IV* [1883-85], Deutscher Taschenbuch Verlag, Munich, 1999, pp. 32 y ss).

hace mejores o más dignos otros fines, necesariamente heterónomos. Con todo, sí procede concederles que la reivindicación del deber como fuerza normativa, si aspira a erigirse en propuesta existencial convincente, precisa una cierta concreción.

2. El deber como vocación

De lo expuesto se desprende un concepto de deontología cuya característica fundamental no es ya —contra Kant— el destierro de lo teleológico, sino —con él— la autonomía de sus contenidos, que no vienen determinados por voluntades y expectativas ajenas sino por la conciencia personal. No hay, decimos, problema ni indignidad en reconocer la satisfacción de la propia conciencia como fin de la actuación deontológica, ni necesidad de adentrarse en la discusión sobre si dicha satisfacción es fin último, en sí y por sí, o bien se subordina a la felicidad como tal fin supremo.

Interpelando a su titular, la conciencia opera como puente entre el bien en sentido objetivo —en el que Kant fundaba la imperatividad categórica o rectitud desinteresada de la acción— y la responsabilidad subjetiva. En ausencia de semejante interpelación (o llamada, o *vocación*) comunicante, *lo* debido (la disposición objetivamente necesaria, y necesariamente objetiva, de las acciones humanas) no puede llegar a ser *mi* deber. Es sólo cuando *mi* conciencia —mi criterio o convicción irreemplazable, irrenunciable e intransferible; mi legislador personalísimo— *me* demanda lo que la objetiva necesidad de lo bueno es, por sí misma, incapaz de demandarme inmediatamente, que devengo responsable. En este sentido, el deber es la más íntima de las categorías normativas, y la deontología la más subjetiva de las ciencias humanas. Sin embargo, en la medida en que —supuestos patológicos aparte— lo propio de la conciencia es refractar lo objetivamente deseable, no es vana, en su cultivo, una cierta ambición de objetividad.

Así configurada la forma normativa de la deontología, se hace precisa una tentativa de concreción de sus contenidos, animada precisamente por el presupuesto de que, no obstante su autonomía, cabría formular objetivamente algunos de ellos. De los enunciados por Kant, se presenta más asumible el que prescribe tratar «a la humanidad, tanto en tu persona como en la persona de cualquier otro, siempre al mismo tiempo como fin y nunca simplemente como medio», que el que sugiere obrar «de tal modo que la máxima de tu voluntad siempre pueda valer al mismo tiempo como principio de legislación universal». Con relación a este último, Mill recriminaba a Kant no haber logrado «demostrar que la adopción por parte de todos los seres racionales de las reglas de conducta más infames supondría una contradicción, una imposibilidad lógica (por no decir física)»[67], inidónea, por tanto, para la universalización. El primero, en cambio, no sólo no parece susceptible de *reductio ad absurdum*, sino que posibilita la fundamentación de esta llamada personal y desinteresada a la acción buena —en que consiste la deontología— en un hecho tan objetivo, universal e irrefutable como es la esencial identidad del género humano. Las ideas esbozadas con respecto al derecho, la moral y la ética vendrían a confirmar esta máxima: la justicia como fin del derecho y la felicidad como fin del comportamiento humano se preconizan, después de todo, como fines dignos del hombre —en otras palabras, por razón del hombre entendido como fin en sí mismo. Si el hombre fuera medio en aras de otros fines, o unos hombres medios al servicio de otros, su felicidad no podría ser, de ninguna manera, fin supremo o último, sino a lo sumo bien intermedio o moneda de cambio para potenciar su productividad en pos de los fines respecto de los cuales fueran medio. Tratar al prójimo siempre como fin y nunca como medio sería, pues, aquello que toda conciencia sana demandaría, y lo deontológicamente patológico sería cualquier noción del deber que contraviniera este principio (incluida la de legislación universal en sus materializaciones contrarias al mismo). Hume, sí, tenía buenas razones para poner en entredicho la práctica filosófica de derivar presuntos corolarios normativos de la pura descripción[68]; pero, si hay una proposición que puede salir airosa del *is-ought problem* —la guillotina de Hume—, es sin duda esta.

El hecho de que la norma deontológica provenga de la conciencia a modo de interpelación nos descubría antes la idea de vocación. A partir de ella puede ensayarse una mayor concreción de la categoría del deber, aplicándola específicamente al ámbito profesional. Cumplir con el deber trascendería el juego de fines y medios, propios y ajenos, en que se manifestaba la práctica de la profesión a efectos ético-morales[69]. Su

---

[67] *[Kant] fails, almost grotesquely, to show that there would be any contradiction, any logical (not to say physical) impossibility, in the adoption by all rational beings of the most outrageously immoral rules of conduct* (MILL, J. S., *op. cit.*, p. 183).

[68] Cf. HUME, D.: *A Treatise of Human Nature* (1739-40), en: *The Essential Philosophical Works*, Wordsworth, London, 2011, p. 409.

[69] Juego que, por lo demás, es perfectamente complementario, lícito y necesario. Dios no quiso abandonar a sus criaturas al deber como único principio activo de la conducta, y tan inherente a la naturaleza humana es la interpelación de la conciencia como la optimización ética, el automatismo moral o la planificación jurídica.

recto ejercicio vendría aquí determinado por una llamada, o vocación, superadora de los varios intereses heterónomos asimilados a aquél. Se trataría, parafraseando a Ortega, de *ser vitalmente* la profesión, no simplemente ejercerla70. Traicionarla, por tanto, dejaría de ser simplemente malo en términos de consecución de unos y otros fines (de cálculo ético-moral), pasando a constituir, asimismo, nada menos que una negación del propio ser: de aquello que vitalmente se es.

Para el hombre deontológicamente consciente, esta amenaza puede llegar a ser disuasión más efectiva, y motivación más poderosa, que las amenazas de tipo jurídico y moral. Semejante toma de conciencia deontológica sería, volviendo a Ortega, lo que nos acontece cuando «empezamos a querer ser nosotros mismos, a veces con plena conciencia de nuestros radicales defectos. Queremos ser, ante todo, la verdad de lo que somos, y muy especialmente nos resolvemos a poner bien en claro qué es lo que sentimos del mundo. Rompiendo entonces sin conmiseración la costra de opiniones y pensamientos recibidos, interpelamos a cierto fondo insobornable que hay en nosotros. Insobornable, no sólo para el dinero o el halago, sino hasta para la ética, la ciencia y la razón»71. Ese fondo insobornable al que, según Ortega, interpelamos, es también el que nos interpela como personas y como profesionales vocacionales.

3. El deber en el ejercicio de la abogacía

Dicho esto, es momento de preguntarse en qué consistiría el deber, o la vocación, del abogado (etimológicamente, *ad-vocatus*: «llamado a», «llamado en auxilio»). Siendo la deontología, como constatábamos, una categoría normativa tan subjetiva —en tanto en cuanto que autónoma—, sería quizá pretencioso querer definir, unívoca y exhaustivamente, un contenido debido válido para todos los abogados. No obstante, el hecho de que a esta disciplina, como hemos visto, no sea totalmente extraña la objetividad, legitimaría una búsqueda de sus contornos más generales —más naturalmente comunes en la profesión.

Discurriendo sobre el fin fundante de las profesiones, razón de ser de las mismas, se formulaba el de la abogacía como la adquisición de

---

70 Cf. ORTEGA Y GASSET, J.: «El hombre a la defensiva» (1929), en: *Obras completas. Tomo II: El Espectador (1916-1934)*, 6ª ed., Revista de Occidente, Madrid, 1963, pp. 655 y ss.

71 ORTEGA Y GASSET, J.: «Ideas sobre Pío Baroja» (1916), en: *Ibid.*, p. 75.

un cierto control sobre la amenaza social coactiva, control cuya ausencia es fuente de infelicidad. En términos generales y a modo de principio, puede decirse que la inseguridad, e incluso la angustia, derivadas de dicha ausencia son indignas del hombre; o, por lo menos, que existe una necesidad objetiva de atenuarlas. Pues bien, en la medida en que lo postulado en cuanto al fin fundante de la abogacía pueda nutrir una propuesta deontológica para esta profesión, tendríamos que el abogado por vocación sería aquél cuya conciencia le llama a dedicar su vida al dominio, por medio de la argumentación, de la amenaza social coactiva —por razón de ser esto lo digno del hombre. Este abogado ya no sólo se dedicaría a esta actividad en el sentido de dedicar a ella su tiempo, su conocimiento y sus esfuerzos, sino que dedicaría a ella su vida como todo orgánico; y, por consiguiente y en clave orteguiana, no se limitaría a ejercer su profesión, sino que la sería vitalmente.

Es muy habitual —hasta el punto de haberse erigido en una suerte de paradigma de corrección política en la materia— la apelación a los intereses de la justicia, del ordenamiento jurídico, del Estado de Derecho o de la democracia como determinantes de la deontología del abogado. A mi entender, estos fines e intereses, que no niego puedan predicarse como deberes de otras vocaciones profesionales (quizá, en el caso de la justicia, de la vocación judicial), no son los propios de una deontología del abogado. Es posible que algún abogado se sienta, hasta cierto punto, interpelado por ellos. Sin embargo, si el peso deontológico que su conciencia les otorga es mayor que el reconocido a la dignidad de su cliente y la sacralidad de las necesidades del mismo, tal vez este abogado debería plantearse el ejercicio de otra profesión (juez, fiscal, político…) más acorde a la vocación experimentada.

CAPÍTULO 5

UNA ESTÉTICA DEL ABOGADO

Nos adentramos en un capítulo muy distinto de los que dejamos atrás. Se ha hablado de derecho, de ética, de moral, de deontología y de estas tres últimas categorías normativas aplicadas al profesional, y en particular al abogado. Nos disponemos ahora a tratar, en cambio, una categoría no normativa, como es la estética; no tendría sentido, en efecto, hablar de normas o amenazas estéticas. La cuestión, en todo caso, no es ajena a la investigación, en la medida en que su esclarecimiento contribuirá, como veremos, a depurar de equívocos los principales temas abordados.

1. El conocimiento estético

Como el lógico o el lingüístico, el conocimiento estético es exigido por todos los demás. No podría ser de otra manera, siendo esta la rama del saber que se refiere a la sensibilidad (*Sinnlichkeit*)[72], o, en Hegel, al sentido y al sentimiento (*die Wissenschaft des Sinnes, des* Empfindens)[73], lo que, por lo demás, es coherente con la etimología de «estética» (del griego *αἰσθητικός*: aquello que se percibe por los sentidos). El mismo Hegel describe la certeza sensible como un conocimiento «de infinita riqueza» y, además, como «el más verdadero, pues todavía no ha desatendido nada del objeto, sino que lo tiene frente a sí en toda su integridad», si bien, por otro lado, como «la verdad más abstracta y más pobre», ya que «dice del objeto conocido sólo esto: 'es', y su verdad contiene

---

[72] Cf. KANT, I.: *Kritik der reinen Vernunft* (1781), en: *Werke… op. cit., passim*.
[73] HEGEL, G. W. F.: *Vorlesungen über die Ästhetik I* (1835), 2ª ed., Dunder und Humblot, Berlin, 1842, p. 3.

únicamente el ser de la cosa»[74]. Dado que este conocimiento sensible de suprema verdad e infinita riqueza, aunque, al mismo tiempo, todavía tan abstracto y pobre, es lo primero que recibimos al enfrentarnos a cualquier realidad, la estética, como ciencia del mismo, reviste la máxima importancia filosófica.

La doble faceta del material estético señalada por Hegel es depósito de virtudes, aunque también fuente de errores. Bien entendido, este material puede desempeñar la vital función gnoseológica de anunciarnos la presencia de un objeto real y, *prima facie*, merecedor de estudio; proporcionándonos, asimismo, el necesario punto de partida de la investigación a emprender. Desvirtuado, ahora bien, este material estético —esta apariencia primera— puede decirnos demasiado poco, o más de lo debido, acerca del objeto de estudio. Aquello es lo que le sucede al escéptico y al solipsista, a quienes no basta la percepción sensible para convencerse de la existencia de la cosa como realidad independiente de su pensamiento; lo segundo, por su parte, es rémora del empirista radical, que, incapaz de trascender la experiencia más inmediata para hallar lo regular y lo esencial, la tiene por absoluta.

Esto último, a mi juicio, se da con mucha frecuencia a la hora de discernir lo definitorio de una profesión. Actitud predominante en la infancia, no aprehender lo que hemos llamado el fin fundante de las profesiones extiende este error a la madurez. La tendencia es entonces a dar por concluyente el estilo. Hegel, vinculándolo al arte (su lugar propio, sin duda), lo define como «modo de representación que cumple con las condiciones de su material y se corresponde consistentemente con los requerimientos de ciertos géneros artísticos y las leyes que emanan de su esencia conceptual»[75]. Nada se opone a una ligera dilatación nominativa que permita aplicar esta definición a cualquier actividad humana; pudiendo hablarse, con ello, de un estilo de las profesiones,

---

[74] *Der konkrete Inhalt der* sinnlichen Gewißheit *läßt sie unmittelbar als die* reichste *Erkenntnis, ja als eine Erkenntnis von unendlichem Reichtum erscheinen [...]. Sie erscheint außerdem als die* wahrhafteste; *denn sie hat von dem Gegenstande noch nichts weggelassen, sondern ihn in seiner ganzen Vollständigkeit vor sich. Diese* Gewißheit *aber gibt in der Tat sich selbst für die abstrakteste und ärmste* Wahrheit *aus. Sie sagt von dem, was sie weiß, nur dies aus: es* ist; *und ihre Wahrheit enthält allein das* Sein der Sache (HEGEL, G. W. F.: *Fenomenologia dello Spirito* [1807], Bompiani, Milano, 2017, p. 168).

[75] *Der Stil betrifft dann eine Darstellungsweise, welche den Bedingungen ihres Materials ebensosehr nachkommt, als sie den Forderungen bestimmter Kunstgattungen und deren aus dem Begriff der Sache herfließenden Gesetzen durchgängig entsprich* (HEGEL, G. W. F.: *Vorlesungen... op. cit.*, p. 369).

nacido de la consistente correspondencia de su modo de desempeño con las condiciones y exigencias inherentes a «las leyes que emanan de su esencia conceptual». Cuando se toma el estilo profesional por el todo profesional, se desecha, por inservible, la búsqueda de estas leyes, y de las condiciones y exigencias inherentes a las mismas. El modo externo y sensible de desempeño y sus efectos más inmediatos, estética de lo inherente a la profesión, bastaría para entenderla, sin necesidad de plantearse que el estilo es, por fuerza, estilo de *alguien* o *de algo*.

2. Lo estético en el ejercicio de la abogacía

Es, por lo indicado, más que verosímil la contingencia de que determinadas cualidades del abogado más o menos comúnmente presentadas como ontológicas, deontológicas o éticas posean, en realidad, entidad estética. Estos atributos supuesta o efectivamente distintivos no serían, propiamente, esenciales a la profesión, ni constitutivos de comportamiento ético o deontológico en su seno, sino consecuencia sensible de dicho comportamiento.

Un ejemplo de caracterización estética de la profesión de abogado lo encontraríamos en *Vom Ethos der Juristen* (2010), de Ernst-Wolfgang Böckenförde. Böckenförde afirma como *ethos* del jurista en general —y, por ende, del abogado— el hecho de buscar el derecho de tal manera que «destierra a los titulares del poder político, aunque también del poder económico y privado, a la esfera que legalmente les corresponde», y, con ello, «opera frecuentemente como 'jurista molesto' [*lästiger Jurist*] y estorba la realización inmediata de determinados intereses»[76]. Lo primero que cabría observar es que Böckenförde, histórico magistrado del Tribunal Constitucional alemán, peca de dikastocentrismo, no reconociendo que el *ethos* del abogado, tal y como ha quedado ilustrado, se diferencia —y debe diferenciarse— netamente del de los creadores y aplicadores del derecho. Por lo demás, y en lo que respecta al abogado, semejante representación, en el caso de abrazarse, es más fácilmente sostenible en sentido estético que ético o conceptual: el abogado sería molesto e incluso hostil a determinados intereses (los de la parte contraria, principalmente)

---

[76] *Indem der Jurist in dieser Weise nach dem Recht sucht, es gestaltet und anwendet, verweist er einerseits die Träger politischer, aber auch wirtschaftlicher und privater Macht in die Grenzen, die das Recht ihnen zieht, wirkt oftmals als „lästiger Jurist« und stört die Kreise unmittelbarer Interessenverwirklichung* (BÖCKENFÖRDE, E.-W., *op. cit.*, p. 38).

más bien como *consecuencia,* o manifestación o efecto, de una actuación ética y deontológica que como contenido de la misma —o, por supuesto, que como contenido esencial de la profesión.

Otro ejemplo de confusión en este orden lo tendríamos en *The End of Lawyers? Rethinking the Nature of Legal Services* (2008)[77], de Richard Susskind. Este autor británico se pregunta si el impacto de las nuevas tecnologías en la profesión de abogado puede llegar a suponer su extinción, de la misma manera que otros avances comportaron en su momento la extinción de oficios como el del cerero o el del carretero. Las nuevas tecnologías, esgrime, están transmutando —y seguirán haciéndolo exponencialmente— la práctica de la profesión en todos sus extremos. La accesibilidad universal de normas, resoluciones y análisis de unas y otras a un coste comparativamente ínfimo está democratizando el acceso al conocimiento del derecho, haciendo cada vez más prescindible el recurso al asesoramiento especializado. El derecho no sólo estaría ahora «a tiro de clic» en cualquier dispositivo conectado a internet, sino de hecho almacenado sistemáticamente en bases de datos cuyo funcionamiento, cuando no es completamente intuitivo, es perfectamente dominable prestando algo de atención a un vídeo tutorial de cinco minutos. Estudiar y conservar las sentencias dictadas por las máximas instancias judiciales a lo largo de los siglos deja de ser una ventaja competitiva cuando cualquiera puede obtener las más relevantes para su caso con la simple inserción de algunos datos en un buscador. Si hacer esto está al alcance de todos, ¿por qué no va a ocuparse de ello el mismo interesado? Y, asumiendo que este prefiera dejarlo en manos de profesionales, ¿por qué no van estos a subcontratar el ya automatizado servicio en países de mano de obra barata? Los abogados, nos dice Susskind, están condenados a adaptarse a tan disruptivas transformaciones o desaparecer. Renovarse o morir. Es ilusorio pensar que la abogacía puede subsistir tal y como la conocemos.

Coincidiendo plenamente con Susskind en cuanto al peso de internet y las nuevas tecnologías como motores de transformación de la profesión de abogado (y de cualquier otra, todo sea dicho), creo que su ámbito radica más propiamente en lo moral y lo estético que en lo ontológico. En lo moral, porque —como con acierto señala Susskind— los criterios valorativos de abogados y clientes han cambiado y van a cambiar considerablemente como consecuencia del abaratamiento y la simplificación del acceso a la información jurídica, información por el mero suministro

---

[77] SUSSKIND, R.: *The End of Lawyers? Rethinking the Nature of Legal Services* (2008), Oxford, New York, 2010.

de la cual muy pocos, y en muy pocas situaciones, van a estar dispuestos a pagar lo mismo que hace treinta años. En lo estético, porque el desplazamiento de la apariencia de servicio «a medida» (*bespoke*) *que tradicionalmente ha irradiado la abogacía por la automatización, mercantilización o indiferenciación (commoditization) de algunos de sus procesos afecta y va a afectar a su percepción social. Pero Susskind no explica cómo ninguna de las transformaciones expuestas puede hacer peligrar la esencia de la profesión, precipitando the end of lawyers de manera análoga a como la fabricación industrial de ruedas de goma y llantas metálicas precipitó the end of wheelwrights. Que los abogados argumenten a favor de los intereses coactivos de sus clientes valiéndose de unos medios u otros (invocando jurisprudencia obtenida en bases de datos formidablemente precisas, subcontratando la búsqueda de normativa relevante, recabando ayuda en foros especializados, interviniendo en juicio por videoconferencia, etc.) puede resultar moralmente interesante y estéticamente llamativo, pero es conceptualmente irrelevante para la profesión, al menos tal y como hemos convenido en definirla. The End of Lawyers? no propone definición para ella, pero del sentido de las transformaciones que destaca cabe inducir un concepto mucho más afín al asesoramiento que a la argumentación. Si el abogado fuera fundamentalmente un asesor (lo que hemos descartado), sí podría albergar preocupación legítima acerca del futuro de su profesión; concédase esto a Susskind, sin entrar a valorar lo efectivamente probable de una desaparición de la asesoría jurídica a corto o medio plazo*[78]. Por lo demás, mientras ningún ordenador sea capaz de redactar un escrito de alegaciones ni remotamente comparable al que un estudiante de primero de Derecho ya es capaz de ingeniar, los abogados pueden dormir tranquilos. Harán bien, eso sí, en tomar buena cuenta de las implicaciones morales y estéticas de unos cambios lúcidamente descritos por Susskind.

A decir verdad, no es de extrañar que las consideraciones ético-morales, y aun las deontológicas, se entrelacen con las estéticas, ni merece mayor crítica que la que sirva a la precisión categorial. Si la reflexión en torno a la moral de una profesión dilucida los modos más eficientes y equilibrados de que esta satisfaga sus fines, y la experiencia del deber

---

[78] Por lo pronto, sus previsiones más drásticas no parecen estar cumpliéndose, a pesar de la gravedad de su anuncio y de la regular insistencia en las mismas (el mismo Susskind acostumbra a declarar jocosamente que está escribiendo «el mismo libro cada cinco años», limitándose a «actualizar los ejemplos»; FLAHERTY, C.: «Lawyers and AI: Saying Susskind is Wrong», en: Three Geeks and a Law Blog, 16 de marzo de 2016, disponible en: https://www.geeklawblog.com/2016/03/lawyers-and-ai-saying-susskind-is-wrong.html).

llega a identificar vitalmente al profesional con dicha satisfacción, la estética, ciertamente, tiene algo que decir en todo ello, pues difícilmente se podrá *ejercer como tal profesional—no digamos ya serlo— sin parecerlo. Hay en el parecer una dignidad que se desvanece en la vacuidad, pero que, auspiciada por el debido fondo praxeológico, puede llegar a ser el secreto de su plenitud. No desdeñemos los fragmentos de El alma de la toga (1919), de Ángel Ossorio, que aconsejan al abogado la concisión en el discurso, tener muchos libros o no pasar consulta en una cafetería, por mencionar algunos; su relación con aquellos otros que proclaman que «lo que al Abogado importa no es saber el Derecho, sino conocer la vida», que «quien no tenga más inspiración ni guía que las leyes, será un desventurado ganapán», o que los abogados han de ser «voceros de la verdad, no del engaño», es más profunda de lo que pudiera pensarse*[79]. En el clásico de Ossorio se dan la mano ética, moral, deontología y estética del abogado, y su alegre conjugación logra inscribir en el lector la sensación de que, en el letrado con alma de tal, todas estas esferas se asemejan e incluso se retroalimentan. Ahora bien, no se busque en él una ontología aceptable de la abogacía. Y no se pretenda que un juicioso oráculo de la prudencia letrada pueda, en rigor, sustituirla.

---

[79]   Cf. OSSORIO Y GALLARDO, A.: *El alma de la toga (1919), 7ª ed., Praxis, Buenos Aires, 1970, pp. 122, 174-175, 23-24, 139 (respectivamente).*

CAPÍTULO 6

CARACTERIZACIÓN DEL RÉGIMEN NORMATIVO DEL ABOGADO ESPAÑOL

La Introducción a la investigación que en estos momentos penetra su fase final enunciaba el interrogante que habría de gobernarla y vertebrarla, y cuya resolución constituiría su principal objetivo, en torno a la naturaleza del sistema de normas que rige la profesión del abogado español. Como se señalaba entonces, dar respuesta a este interrogante requería el previo esclarecimiento de lo que haya de entenderse por abogacía o profesión de abogado, así como una definición de las distintas categorías normativas a las que puedan legítimamente adscribirse las normas reguladoras de dicha profesión (en función de su naturaleza). Una vez concluido este trabajo de definición, delimitación y clarificación conceptual, puede procederse a la satisfacción del objetivo principal planteado.

1. Lo jurídico en el estatuto profesional del abogado español

En el Capítulo 1 quedaba definido el derecho como la amenaza social coactiva. Examinemos, pues, en primer lugar el grado de presencia de normas de esta categoría en el estatuto profesional o régimen normativo del abogado español.

Como es natural, la determinación del peso de lo jurídico en este contexto depende en gran medida del peso que en el mismo pueda reconocerse a otro tipo de normas (morales, éticas y deontológicas). La división del presente capítulo en epígrafes —por obvios motivos de conveniencia expositiva— no debe distraernos de la imperatividad de un tratamiento holístico de la cuestión. Sólo con esta precisión en mente puede formularse *ab initio* la tesis según la cual el derecho, la amenaza social coactiva, es *predominante* en el marco, régimen o estatuto normativo del abogado español. En otras palabras, el sistema normativo que envuelve la actividad del abogado español está configurado de tal forma que la preocupación principal de este sea de tipo jurídico, o que su motivación dominante para actuar de una manera determinada, absteniéndose, en cambio, de determinados comportamientos, venga dada por el temor a amenazas sociales coactivas.

Esta tesis ha sido defendida, entre otros, por Nielson Sánchez Stewart. Este autor, que habla de Deontología (su uso de la mayúscula recalca el carácter nominativo-positivo de lo designado y resulta útil a efectos de diferenciación respecto de la deontología tal y como la hemos concebido aquí) como sinónimo de estatuto normativo específico de la profesión (en sentido amplio), dice de ella —de él— que «es derecho puro, inspirado, como la mayor parte de las normas, en principios de contenido ético». En contraste con la norma moral o ética, cuyo «obligado cumplimiento es una imposición personal a la que nadie puede ser constreñido», y con la norma social, cuyas sanciones son «el menosprecio o la exclusión de la sociedad», la norma jurídica, puramente constitutiva de la llamada Deontología profesional del abogado, «es de obligado cumplimiento, su vulneración tiene consecuencias también reguladas por el derecho y, siempre que sea posible, es exigible in natura. Cuando no es posible exigir el cumplimiento forzoso, la norma trae aparejada una sanción»[80].

Sin perjuicio de cuanto, en apoyo y desarrollo de esta tesis, se dirá en los epígrafes venideros, la demostración del predominio de la amenaza social coactiva se articulará en tres argumentos: la naturaleza social coactiva de las sanciones previstas en el Título XI («Régimen de responsabilidad de los profesionales de la Abogacía y de las sociedades profesionales») del Estatuto General de la Abogacía Española (EGAE), la efectividad amenazante de dichas sanciones y la cobertura, por parte de las mismas, de las actuaciones más significativas en el desempeño profesional del abogado.

---

[80] SÁNCHEZ STEWART, N.: *Manual de Deontología para Abogados. Principios y normas que rigen la actuación profesional de abogadas y abogados* (2012), 3ª ed., Wolters Kluwer, Las Rozas (Madrid), 2021, pp. 60-62. Nótese cómo la confusión e indeterminación reinantes en materia de órdenes normativos es, con frecuencia, básicamente nominal o terminológica. Además de la mencionada identificación de lo que Sánchez Stewart llama «Deontología» (con mayúscula) con lo que aquí entendemos como normatividad estatutaria del abogado en general, la «norma ética o moral» de este autor correspondería a nuestra deontología, y sus «normas sociales» a nuestra moral vivida (susceptible de ser pensada por la ética).

La primera proposición es, de las tres, la más distante de la evidencia. Las amenazas en torno a las cuales pivota el régimen de responsabilidad disciplinaria de los abogados son la incapacitación para el ejercicio de la abogacía —que puede ser temporal (suspensión) o indefinida (expulsión del Colegio de Abogados[81])— y la multa pecuniaria[82]. La virtualidad coactiva de la multa, susceptible de ejecución forzosa, está fuera de toda duda; la de la incapacitación, sin embargo, podría no ser tan pacífica. En la medida en que hemos nombrado (en el Capítulo 3) el despido como ejemplo de sanción de tipo moral[83], algún lector podría preguntarse qué determina que su asumido carácter no coactivo no sea compartido, a nuestro juicio, por la sanción disciplinaria de incapacitación para el ejercicio de la abogacía —que entendemos, por el contrario, como amenaza coactiva.

En realidad, la diferencia entre una y otra amenaza (el despido y la incapacitación) es radical. En el Capítulo 1 se definió la coacción como «el recurso a la violencia, esto es, a la fuerza física sobre una o más personas, o sus propiedades (su facultad de usar determinados bienes y disponer de ellos), no consentida por estos destinatarios». Lo que esencialmente supone la incapacitación con la que el EGAE disuade a los abogados de

---

[81]   En este supuesto, habrá que estar a lo dispuesto en el art. 13 EGAE sobre rehabilitación del profesional de la abogacía expulsado. La rehabilitación exige «el transcurso de un plazo de cinco años desde que la sanción de expulsión hubiese sido ejecutada y la acreditación de haber superado las actividades formativas que en materia de deontología profesional establezca cada Colegio con carácter general, así como no haber incurrido en causa de indignidad o desprecio de los valores y obligaciones profesionales y deontológicas» (ap. 2), quedando, además, sujeta a valoración positiva por parte de la Junta de Gobierno del Colegio (ap. 3); debiendo, en todo caso, ser motivada la eventual denegación (ap. 4).

[82]   *Ex* art. 122.1 EGAE. Es casi superfluo puntualizar que el apercibimiento por escrito, contemplado en el mismo precepto, sólo tiene valor jurídico como aproximación a la multa pecuniaria y la incapacitación —como aumento del riesgo de que éstas se produzcan—, ostentando, de esta suerte, rango accesorio a ellas. La multa pecuniaria, en cambio, puede ser objeto de ejecución forzosa; sin perjuicio de que, adicionalmente, su impago, en tanto que quebrantamiento de sanción, pueda ser constitutivo de infracción muy grave, sancionable con expulsión o suspensión (art. 124, letra m). En cuanto a la sanción de baja en el registro colegial tipificada en el art. 122.2 para las sociedades profesionales, no despliega, por sí misma, efectos coactivos sobre sus integrantes (quienes, en principio, podrían seguir ejerciendo la profesión individualmente), si bien lo normal será su imposición en concurrencia con sanción de tipo coactivo (multa o incapacitación) sobre estos.

[83]   Ciertamente en contra del criterio lexicográfico, pero con buenos motivos etimológicos y epistemológicos.

llevar a cabo una serie de comportamientos es la garantía de que no serán admitidos ante los órganos jurisdiccionales en calidad de tales, lo que a efectos prácticos equivale a impedirles por la fuerza la realización de aquellos actos (por lo menos, de los más demandados) en que consiste su actividad profesional. O, lo que es lo mismo, hacer uso y disponer de sus habilidades en un determinado sentido. No sería así en el caso de que la colegiación no fuera obligatoria, y la incapacitación supusiera simplemente la pérdida de la condición de colegiado, pudiendo el abogado, en cualquier caso, seguir ejerciendo su profesión (sin más consecuencias que las reputacionales, que no son baladí); pero, detentando los poderes públicos el monopolio de lo corporativo y de lo jurisdiccional, la incapacitación, en puridad, equivale a una prohibición —jurídica en toda regla— al abogado de emplear las propias facultades en el sentido que hasta ese momento le había sustentado económicamente. El despido, por su parte, es la simple decisión, por parte de una persona física o jurídica (el empleador), de interrumpir su colaboración con otra (el empleado) que desarrollaba regularmente una actividad por cuenta y riesgo de aquélla. Como tantas otras amenazas sociales no coactivas, esta ruptura unilateral de la relación laboral puede tener consecuencias gravosas para el empleado, máxime en un mercado de trabajo cuyos opresivos niveles regulatorios desincentivarán su futura contratación; pero no tiene nada que ver con la prohibición material de ejercer una profesión.

Aceptada en estos términos la naturaleza jurídica del régimen de responsabilidad disciplinaria del abogado contenida en el EGAE, sería preciso matizar, de acuerdo con nuestra concepción realista del derecho, que dicha juridicidad sólo será tal en el caso de aplicarse efectivamente, y en modo generalizado, las sanciones previstas a los supuestos de hecho recogidos. Es el segundo argumento listado. En este sentido, de que este estatuto disciplinario no es papel mojado da buena cuenta el volumen de asuntos a él relativos en el orden jurisdiccional. Según datos de Tirant On-line, el número de sentencias de la jurisdicción contencioso-administrativa cuyo objeto fue la impugnación de sanciones impuestas por Colegios de Abogados ascendió a 110 en 2020, 113 en 2019 y 133 en 2018. Una media aproximada de diez sentencias mensuales con este objeto es testimonio más que elocuente de una habitualidad en el ejercicio de la potestad sancionadora por parte de los Colegios de Abogados, así como de una fuerza disuasorio-punitiva de semejante potestad, suficientes para representar una amenaza real, efectiva y material desde el prisma del abogado.

La demostración de la entidad propiamente jurídica de estas amenazas no bastaría para concluir la prevalencia de lo jurídico en el estatuto normativo del abogado español si las mismas no se proyectaran sobre el grueso de la actuación de este (tercer argumento). Sería el caso de un estatuto jurídico de mínimos, o de último recurso, que únicamente sancionara coactivamente una selección muy limitada —y previsible— de actos reputados, por su gravedad, absolutamente intolerables. Lejos de ello, la confrontación de la dinámica normal del abogado con las amenazas jurídicas que la regulan, tal y como constan en una normativa escrita acreditada por su real aplicación corporativo-jurisdiccional, evidencia que este condicionamiento coactivo de la profesión la afecta en la práctica integridad de sus aspectos más significativos. Los Códigos de Deontología nacional y europeo, el Estatuto General de la Abogacía Española y los estatutos y normas particulares de los distintos Colegios de Abogados han juridificado todo lo concebiblemente relativo al acceso a la profesión; establecimiento de contacto con los clientes; relaciones con estos clientes, las instituciones y la parte contraria; definición y cobro de honorarios; principios de actuación, etc. Con frecuencia la codificación es tan etérea que sume al abogado en la inseguridad jurídica; piénsese, por ejemplo, en la tipificación como infracción grave de «los demás actos u omisiones que constituyan ofensa grave a la dignidad de la profesión y a las reglas que la gobiernan, conforme a lo establecido en el presente Estatuto General y otras normas legales» (art. 125 EGAE, letra u), teniendo presente que buena parte de «lo establecido en el presente Estatuto General» son cláusulas de remisión genérica «a las normas deontológicas que rigen la profesión» y, en particular, al Código Deontológico de la Abogacía Española, tampoco parco en conceptos jurídicos indeterminados84. Lo que provoca semejante indeterminación es un ensanchamiento de la esfera de riesgo jurídico del profesional de la abogacía, que termina por alcanzar todos los extremos de la actividad.

Evidentemente, no quiere decirse con lo expuesto que el abogado español opere en una suerte de atmósfera de terror disciplinario, donde los Colegios de Abogados persiguieran sistemáticamente cualquier mínima desviación con métodos inquisitoriales. La gran mayoría de nuestros abogados no se han visto —ni probablemente se verán— nunca implicados en procedimientos disciplinarios (gracias, en gran medida, a la indisposición de los Colegios a perseguir todo lo que la literalidad de las normas les permitiría, en principio, sancionar). Lo relevante a nuestros efectos es tomar conciencia de que, en nuestra situación, estas

---

84 El uso de conceptos jurídicos indeterminados en este campo ha sido expresa y reiteradamente aceptado por el Tribunal Constitucional (véase, por todas, STC 219/1989, de 21 de diciembre [ponente don Fernando García-Mon y González-Regueral]).

normas respaldadas por amenazas coactivas ejercen, por su proliferación y potencial severidad, una presión sobre el abogado mucho mayor que la atribuible a otras normas profesionales de índole no jurídica —cuya presencia procedemos a analizar en lo sucesivo.

2. Lo ético y lo moral en el estatuto profesional del abogado español

Una objeción que podría formularse a la tesis del predominio de lo jurídico en el régimen normativo del abogado español sería la que enfatizara la posibilidad, e incluso la normalidad, de una convergencia de órdenes, en el sentido de una coincidencia de fines jurídicos, ético-morales y deontológicos en su actuación. En efecto, podemos *sospechar* que, en la mayor parte de los casos, el abogado, al satisfacer una obligación establecida por una norma jurídica reguladora de la profesión (por ejemplo, el deber de confidencialidad), está simultáneamente observando una norma moral, honrando un código ético y obrando según sus más profundas convicciones deontológicas. El problema —con el que habría que replicar a esta objeción— es que no podemos *saberlo*.

Dejemos para más adelante la deontología y centrémonos aquí en la moral, tanto pensada como vivida. De esta última decíamos que constituye un orden espontáneo (*cosmos*), en términos hayekianos. Ningún orden moral es fruto de una concreta voluntad planificadora (fundamento del orden diseñado, o *taxis*); todos ellos son el resultado anónimo de sucesiones inmemoriales de interacciones entre individuos, que lo van configurando evolutivamente, a lo largo de la historia —y con gran influencia de sus vicisitudes—, como fenómenos normativos enormemente complejos. Otros órdenes espontáneos son el idioma, el derecho (cuando se basa, como el romano o el *common law*, en la costumbre y el precedente; no así la ley escrita de los sistemas jurídicos de corte continental) o el mercado. Decíamos también que la espontaneidad dista de ser sinónimo de perfección. Ello, sin embargo, no obsta para que la autonomía regulatoria de estos órdenes tienda naturalmente a la maximización de unos intereses generalmente compartidos por sus agentes: el idioma, a la de la capacidad expresiva de la realidad y de los pensamientos; el derecho, a la de la seguridad jurídica (mediante la tutela de la expectativa legítima o, por lo menos, razonable[85]); el merca-

---

[85] Lo opuesto es la intervención legislativa del poder político, que suele producirse, precisamente, *contra* las expectativas vigentes en la realidad social. O, en otras

do, a la del lucro de compradores y vendedores, e indirectamente a la del beneficio de terceros[86]. También el orden moral, el equilibrio de las costumbres imperantes, maximiza un interés compartido, que podríamos formular como la regularidad en el trato social.

Sartre afirmaba que «el infierno son los demás»[87]. Aunque así fuera, los demás no dejarían de ser un infierno más o menos necesario para la obtención de los bienes que, como seres humanos, tendemos a valorar: desde los materiales hasta los más intangibles, como el amor, la amistad o el respeto. Presupuesta nuestra dependencia de los demás, y la que estos, en alguna medida, suelen tener de nosotros, sería interesante imaginar cómo estas dependencias recíprocas intentarían encontrarse en ausencia de un orden moral. Con toda probabilidad se asistiría a una alternancia crónica de insatisfacción y satisfacciones muy parciales e inestables de estas mutuas necesidades. No sería menester un planificador benévolo para que una serie de comportamientos capaces de aumentar la satisfacción general comenzaran a asumirse sincrónicamente, arraigando así, espontáneamente, los cimientos de una incipiente moral[88].

---

palabras, en base a la expectativa política de que la sociedad y los tribunales no perseguirán, o no alcanzarán, una serie de fines en condiciones de espontaneidad. Por ejemplo, se fija por decisión política un salario mínimo ante la previsión de que el mínimo salario libremente establecido en el mercado de trabajo sería inferior a aquél. Ausente esta intervención política, el empleador esperaría espontáneamente poder pagar un salario X (siendo X el punto de encuentro entre oferta y demanda de trabajo en una situación de competencia no intervenida), que es, a su vez, aquél que el empleado esperaría cobrar. La intervención política impone, pues, una reestructuración de las expectativas naturalmente formadas (o que previsiblemente se formarán); deviniendo innecesaria —e irrelevante— en el momento en que expectativa espontánea y designio político coincidan.

[86] Y es que el precio formado como resultado del intercambio libre no sólo optimizará la asignación de los recursos, sino además constituirá un vehículo de transmisión de información «muy potente» y «a muy bajo coste» de cara al cálculo económico que posteriormente emprendan otros actores en orden a la adopción de sus propias decisiones (cf. HUERTA DE SOTO, J.: *Socialismo, cálculo económico y función empresarial* [1992], 3ª ed., Unión Editorial, Madrid, 2005, p. 65).

[87] *L'enfer c'est les autres* (SARTRE, J. P.: *Huis clos, suivi de Les mouches* [1944], Gallimard, 1947, p. 93).

[88] Leoni (*Lezioni di filosofia del diritto* [1959], Rubbettino, Soveria Mannelli, 2003, pp. 98-99) evoca en este sentido la manera en que los fenicios entablaban relaciones comerciales con otros pueblos. Los primeros depositaban, en las playas de estos últimos, muestras de los objetos que deseaban exportar, dejándolos «aparentemente abandonados». En realidad, explica Leoni, el significado de este acto era la formación de previsiones en cuanto al interés de los locales en los productos en cuestión, aunque también acerca de la predisposición y posibilidades morales de los mismos

La planificación a la que hacemos referencia no sólo no sería necesaria, sino tampoco deseable. Y ello no por razón de consideración alguna sobre las intenciones del planificador (hemos asumido su benevolencia) o sobre su legitimidad (poco importa que sea carismática, democrática, aristocrática, tecnocrática o una combinación de las anteriores). Si la interferencia organizativa en el orden espontáneamente configurado es, en principio, nociva, pudiendo llegar a ser devastadora, ello se debe primordialmente, como ha explicado la escuela austriaca de economía, a la imposibilidad de que el planificador conozca, procese y comunique a los ejecutores de su plan toda la información necesaria para el éxito del mismo: información que se encuentra naturalmente dispersa, y que varía drásticamente con cada individuo, grupo, relación y circunstancia potencialmente involucrados en el plan, o destinatarios de este. Así las cosas, la información manejada por el planificador será siempre mucho más limitada, y de calidad extremadamente inferior, que la manejada por los actores sistémicos en el modelo descentralizado de toma de decisiones que representa el orden espontáneo[89]. En el mejor de los escenarios, el planificador será menos eficiente que el orden espontáneo en el cumplimiento de los fines (suponiendo, por ser el mejor de los escenarios, que coinciden con los de los destinatarios del plan); en el peor, la planificación corromperá y, en última

---

locales. Que estos se apropiaran de las muestras sin dejar nada a cambio revelaba a los fenicios la inviabilidad absoluta de una relación comercial con ellos. De que los dejaran intactos para su retirada se infería una inviabilidad relativa, esto es, una falta de interés en los particulares productos depositados, pero no en el comercio en general (dada la observancia demostrada de los principios básicos de este). Finalmente, que sustituyeran los objetos depositados por otros de manufactura propia, satisfaciendo así las más modestas expectativas fenicias, creaba las condiciones propicias para el nacimiento de una sociedad comercial —o lo que es lo mismo, para la satisfacción regular y continuada de expectativas mucho más ambiciosas.

[89]   Como lo expresa Huerta de Soto (*op. cit.*, pp. 99-100), «no cabe concebir que el órgano director encargado de intervenir mediante mandatos pueda hacerse con la información que es necesaria para coordinar la sociedad, y ello por los siguientes motivos: *primero*, por razones de volumen (es imposible que el órgano de intervención asimile conscientemente el enorme volumen de información práctica diseminada en las mentes de los seres humanos); *segundo*, dado el carácter esencialmente intransferible al órgano central de la información que se necesita (por su naturaleza tácita no articulable); *tercero*, porque, además, no puede transmitirse la información que aún no se haya descubierto o creado por los actores y que sólo surge como resultado del libre proceso de ejercicio de la función empresarial; y *cuarto*, porque el ejercicio de la coacción impide que el proceso empresarial descubra y cree la información necesaria para coordinar la sociedad». Los motivos tercero y cuarto serán seguidamente aplicados al caso que nos ocupa.

instancia, destruirá el orden de que se trate, reemplazando los fines reales de las personas por fines artificiales y careciendo de información válida y manipulable para alcanzarlos.

La práctica de una profesión y las relaciones espontáneamente nacidas de su ejercicio no son una excepción. Obsérvese que, a la hora de regularlas coercitivamente, el planificador (generalmente, el legislador) bebe de una información que ha surgido evolutivamente a lo largo de una infinidad de generaciones de ejercientes, clientes y terceros más o menos afectados. De una manera, como decimos, mucho más imperfecta que todos esos actores, el planificador bienintencionado extrae de ese *cosmos* una serie de principios y normas que rigen la profesión, en el sentido de ser generalmente observados por los profesionales, y exigidos por clientes y terceros, por estimarse —explícita o implícitamente— buenos: favorables al cumplimiento de los fines de la actividad y en mayor medida compatibles con otros fines. Normalmente, el plan se presentará como un conglomerado de estos principios y normas evolutivos y otros principios y normas destinados, por decisión del planificador, a corregirlos con mayor o menor intensidad. Sea como fuere, unos y otros elementos de la planificación pasan a ser garantizados jurídicamente, esto es, mediante amenazas coactivas, lo que esencialmente *petrifica* el orden profesional en su diseño legislativo.

Es evidente que este diseño coactivo o planificación jurídica de la profesión puede *cambiar*; lo que se impide, sin embargo, es que la profesión pueda, en adelante, *evolucionar*, como había hecho hasta entonces. En un entorno de libertad jurídica, la profesión se autorregula espontáneamente; pero, al mismo tiempo, la ausencia de amenazas coactivas garantes de dicha regulación dota a los profesionales de flexibilidad para adaptarse a transformaciones ambientales y perseguir objetivos en modo más eficiente, si se evidencia esta posibilidad. Lo normal es que esto ocurra lenta y fragmentariamente, de tal suerte que la evolución normativa no suele resultar traumática a los actores individuales, siendo solamente apreciable en grandes visiones de conjunto temporales, espaciales y materiales. En el orden espontáneo, así, evolución y estabilidad van de la mano. Lo propio de la legislación, en cambio, es lo inverso: revolución e inestabilidad. El cambio es aquí brusco, irrestricto y, en todo caso, abiertamente volitivo. La evolución espontánea es, de alguna manera, aprobada por todos y querida por nadie: la profesión no evoluciona porque un individuo o agrupación lo desee, solicite o decida, sino porque, encontrando la evolución ventajosa, varias generaciones de profesionales la suscriben tácitamente (de otro modo la interrumpirían, puesto que nadie les obliga jurídicamente a adherirse a la alteración praxeológica emergente). La modificación legislativa, por el contrario, es siempre querida por alguien —titular de unos intereses que se imponen por la fuerza frente a otros—, y no necesita ser aprobada por nadie más.

Petrificando una determinada disposición de actuaciones profesionales, el planificador, pues, excluye la posibilidad de que profesionales, clientes y —en su justa proporción— terceros contribuyan libre, pacífica y, las más de las veces, inconscientemente a la adaptación de la profesión a circunstancias futuras, así como una mejor satisfacción de los fines afectados. Esto, que en un sistema jurídicamente desregulado o poco regulado daría lugar a una evolución determinada —a nuevas normas, principios e instituciones, absorbidos con la misma naturalidad con que el cuerpo humano experimenta su propia maduración—, es, en la ordenación planificada de la profesión, inviable, y por definición inconcebible. Además, las distorsiones introducidas por el planificador en la realidad de los intercambios o relaciones (por ejemplo, prohibiendo que la prestación de un servicio supere un cierto precio) adulteran la información circulante en el sistema, que deja de reflejar fielmente la adecuación de una serie de actos a una serie de fines, amén de la autenticidad de estos fines como fines generalmente compartidos.

Es en estos términos que los excesos regulatorios del legislador español obstruyen la evolución moral de nuestra abogacía, y que, aunque podamos sospechar que buena parte del contenido de su normativa reguladora gozaría del status de código moral, sancionado por la ética[90], en un sistema jurídicamente desregulado, carecemos de certeza referida al efectivo valor moral de los comportamientos prescritos. Al igual que el valor real —la real utilidad— de un producto o servicio en el mercado no intervenido, el valor moral de la acción sólo puede constatarse en un foro de relaciones humanas libre de interferencias coactivas, donde la motivación de evitar la sanción no desplace la más noble voluntad de conciliar intereses libremente definidos.

3. Lo deontológico en el estatuto profesional del abogado español

Por ser inseparable de la conciencia personal, el deber, se decía en el capítulo correspondiente, «es la más íntima de las categorías normativas, y la deontología la más subjetiva de las ciencias humanas». Con todo, también se precisaba que su autonomía es compatible con una justa pretensión de

---

[90] Adviértase cómo la erosión de la moral vivida distorsiona asimismo la información primaria examinada por el sujeto ético al objeto de pensarla. La planificación jurídica, así, es hostil no sólo a la moral, sino también, y en igual medida, a la ética.

objetividad, que puede fundamentarse, con Kant, en la consideración de todo ser humano como fin en sí mismo. El algoritmo deontológico lo completaba la experiencia de la vocación, por la cual lo objetivamente debido, reconocido como tal por la conciencia, deviene llamada individual e intransferible. Gracias a ella me hago responsable de lo debido, acogiéndolo como *mi deber*. En condiciones de estabilidad, esta norma deontológica adopta la forma de proyecto vital y fondo insobornable; en ellas, no nos limitamos a ejercer la profesión en que consiste nuestra vocación, pues pasamos a serla vitalmente.

La persona que ejerce una profesión sin vocación está sujeta a normas jurídicas y —en la medida y manera permitida por éstas— ético-morales reguladoras de la actividad de que se trate, pero no a normas deontológicas. Sólo la conciencia interpelante, por medio de la vocación, a servir con la propia vida un orden o ideal objetivamente bueno puede activar la categoría normativa del deber. Lo mismo, como no pudiera ser de otra manera, es aplicable a la abogacía, ejercida en cualquier marco espacio-temporal. En el mejor de los casos, el abogado lo será por vocación, la cual llegará —normativamente hablando— a aquellos extremos no necesariamente cubiertos por las normas jurídicas, éticas y morales a las que se encuentra sometido; en el peor de los escenarios (el del abogado sin vocación), sólo estas normas gobernarán su actuación. No hay, por tanto, posibilidad de valoración unívoca de la presencia o peso de la amenaza deontológica en el estatuto del abogado español. Cualquier conjetura parecida a una estimación del porcentaje de abogados vocacionales en nuestro país carecería del más elemental fundamento; pero incluso asumiendo, como en principio parecería razonable (aunque en modo alguno comprobable), una normal preponderancia numérica de estos, la indagación de una experiencia tan subjetiva anunciaría grandes dificultades. Esta se da de una manera distinta en cada persona y en cada profesional, y la posibilidad de remitir su faceta objetiva —desde una perspectiva kantiana, y más originariamente cristiana— a la esencial igualdad —o fraternidad— del género humano no deja de aparecer condicionada por la particular vivencia vocacional del autor de estas líneas.

Lo que sí es viable, e inexcusable, es examinar los efectos de la hiperregulación jurídica de la abogacía sobre su ordenación deontológica, como en el apartado precedente se hiciera respecto de la moral y la ética. La reflexión, en este punto, no es más halagüeña. En aquella interacción se ponía de manifiesto la hostilidad de la normación heterónoma coactiva al espontáneo florecimiento, y natural evolución, de la no coactiva, con su mucho más rica capacidad de satisfacer intereses comunes incluso en contextos cambiantes. Por cuanto respecta a la interacción aquí analizada, la potencial hostilidad de la hiperregulación al cumplimiento del deber profesional es igualmente grave. No será, quizá, apreciable en los supuestos —probablemente todavía mayoritarios— de coincidencia entre el orden legal y el deontológico: el abogado, por ejemplo, está legal y deontológicamente obligado al secreto profesional (amén de ética y moralmente, sin que quepa disputa merecedora de atención salvo en situaciones muy singulares, a todas luces excepcionales). En caso de antinomia, ahora bien, el abogado deberá elegir entre la obediencia a sus propias convicciones o la rendición a las del regulador, expresión abreviada del único sujeto autorizado a imponérselas a los demás. La inevitabilidad de, al menos, una consecuencia adversa (ora social coactiva, ora espiritual o metafísica) sea cual fuere la decantación del abogado es infaliblemente calificable como indeseable, con independencia de ulteriores discusiones sobre cuál sea la opción correcta en cada caso. A poca dignidad que se reconozca, las invitaciones spinozianas, rousseaunianas y hegelianas[91] a adecuar el criterio personal a la voluntad

---

[91] En Spinoza, «la justicia sólo depende del decreto de las potestades supremas, y nadie, por ello, puede ser justo si no vive según los decretos de ellas emanados» (*justitia a solo summarum potestatum decreto pendet, adeoque nemo, nisi qui secundum earum recepta decreta vivit, justus esse potest*; SPINOZA, B.: *Tractatus theologico-politicus* [1670], Gebhardt III, Heidelberg, 1972, p. 242).

Tierno Galván vio acertadamente en Rousseau «un Spinoza trivializado» (TIERNO GALVÁN, E.: «Estudio preliminar», en: *Tratado Teológico-Político (selección). Tratado político*, Tecnos, Madrid, 1966, p. xxiv). *Du contrat social* es explícito en la atribución de poderes absolutos al soberano democrático, al que legitima incluso para disponer de la vida de sus súbditos a discreción (cf. ROUSSEAU, J. J.: *Du contrat social* [1762], Flammarion, París, 2012, p. 70). Puesto que este soberano, por encarnar la voluntad general, nunca yerra (*la volonté générale est toujours droite et tend toujours à l'utilité publique*; cf. *ibid.*, p. 64), lo justo es «que cada ciudadano no opine sino de acuerdo con él» (*que chaque Citoyen n'opine que d'après lui*; *ibid.*, p. 65).

Para Hegel, también muy influido por Spinoza, el Estado será «el paso de Dios por el mundo», y su fundamento «el poder de la razón que se realiza como voluntad» (*es ist der Gang Gottes in der Welt, daß der Staat ist, sein Grund ist die Gewalt der sich als Wille verwirklichenden Vernunft*; HEGEL, G. W. F.: *Grundlinien der Philosophie des Rechts, oder Naturrecht und Staatswissenschaft im Grundrisse* [1820], Dunder und Humblot, Berlin, 1833, p. 320). Como Rousseau, no vacilará en declarar que «si el Estado reclama la vida, el individuo debe dársela» (*ibid.*, p. 112). Este es «algo subordinado», que sólo a través del Estado alcanza dignidad —la que este quiera conferirle.

Con retórica más o menos maquillada, aunque esencialmente equivalente, se propugna todavía hoy la supremacía del Derecho legislado sobre la deontología, la ética y la moral. Véase, por ejemplo, Peces-Barba (*Introducción a la filosofía del derecho*, Debate, Madrid, 1983), al plantear una teoría de la justicia formal en la que, asegura, «la vieja tesis de la heteronomía del Derecho, como distintiva de la autonomía de la moral, se superará porque el Derecho será autónomo en tanto en cuanto los ciudadanos, a través del Poder, participarán en su formación», y, «con respecto a la obediencia al Derecho, esta

del más fuerte, llamando esto «virtud cívica» o similares, le serán de escaso consuelo o utilidad.

En el marco normativo español, una clara situación de conflicto entre el orden jurídico y el deontológico viene dada por las obligaciones impuestas al abogado en materia de prevención del blanqueo de capitales (principalmente por la Ley 19/2003, de 4 de julio, sobre régimen jurídico de los movimientos de capitales y de las transacciones económicas con el exterior, y la Ley 10/2010, de 28 de abril, de Prevención del Blanqueo de Capitales y de la Financiación del Terrorismo). Lo mismo puede decirse de las más recientemente impuestas a los llamados «intermediarios fiscales» (normalmente abogados, según nuestra definición) en materia de «planificación fiscal potencialmente agresiva», a través de la Directiva (UE) 2018/822, del Consejo, de 25 de mayo de 2018, que modifica, por quinta vez, la Directiva 2011/16/UE por lo que se refiere al intercambio automático y obligatorio de información en el ámbito de la fiscalidad en relación con los mecanismos transfronterizos sujetos a comunicación de información, y normas que la trasponen. A todos los efectos, estas imposiciones convierten al abogado en un engranaje más de la maquinaria estatal —precisamente aquello contra lo cual constituía uno de los últimos contrapesos a disposición del individuo. Bajo amenaza de graves sanciones, el abogado es obligado a traicionar al cliente que legítimamente deposita su confianza en él. Y, con ello, a traicionarse a sí mismo[92].

---

no se fundamentará sólo en el temor a la sanción, sino en el acuerdo de los ciudadanos, en el consenso» (p. 322). Como en Rousseau (cf. *op. cit.*, p. 56 y *passim*), la norma jurídica no significaría sino obligar a su destinatario a ser justo y libre, por lo que no habría concepción posible del deber, o de la autonomía personal, en contradicción con aquélla.

[92] No es de extrañar que las normas mencionadas hayan encontrado una firme oposición y denodada resistencia entre los profesionales de la abogacía. Sánchez Stewart («Perspectiva española de la abogacía en relación a la lucha contra el blanqueo de capitales», ponencia presentada en Ginebra en octubre de 2012, disponible en: http://www.fbe.org/barreaux/uploads/2017/07/Nielson_Sanchez-Stewart_GE-NEVE2012.pdf), por todos, ha manifestado respecto de ellas: «[Los abogados] las consideramos inútiles, desproporcionadas, gravosas, reiterativas, exóticas, contraproducentes y contrarias —algunas de ellas— a los principios esenciales que desde hace siglos inspiran la profesión».

CONCLUSIONES

El presente ensayo se ha propuesto responder a la pregunta por la naturaleza del sistema de normas que rige la profesión del abogado español. A este fin, era necesario esclarecer el significado de los conceptos de derecho, abogacía, moral, ética y deontología. A ello —y al tratamiento accesorio de la estética, debido a su relación, y ocasional confusión, con los anteriores— se han dedicado los capítulos 1 a 5 del estudio. Merced a la delimitación y definición categorial contenida en estos ha podido procederse, en el capítulo 6, a la especificación primariamente perseguida.

El capítulo 1 ha pasado revista a las más influyentes concepciones del derecho, con objeto de obtener una en la que cimentar la continuación del estudio. Al servicio de esta tarea se han puesto los criterios metodológicos de definición y delimitación establecidos en la Introducción. En virtud de ellos se ha evidenciado la conveniencia de una concepción, inspirada en el realismo jurídico, del derecho como amenaza social coactiva. Sin embargo, también se ha reconocido como convincente la reivindicación, por parte del iusnaturalismo, de la justicia como fin natural del derecho.

La concepción del derecho como amenaza social coactiva ha desembocado, en el capítulo 2, en una definición del abogado como aquel profesional al que se encomienda la consecución de un determinado desenlace social coactivo (que puede ser activo, pasivo o una combinación de ambos extremos) a través de la argumentación. Existente en toda sociedad económicamente desarrollada, esta profesión presenta rasgos esenciales muy similares en todas ellas, como ha puesto de manifiesto su indagación en distintos marcos jurídico-culturales.

El capítulo 3 ha resultado en una conceptualización de las nociones de moral y ética. Ante la ausencia de exigencias lexicográficas o etimológicas unívocas en sentido alguno, esta conceptualización ha venido inspirada por la conveniencia gnoseológica de una distinción que refiera la moral a lo colectivo-positivo, atribuyendo a la ética la reflexión individual sobre aquello. Se ha abrazado la perspectiva aristotélica que otorga centralidad a los fines en la definición de lo ético-moral, y ello se ha afirmado aplicable al ámbito del ejercicio profesional y, en particular, al de la abogacía.

El capítulo 4 nos ha dejado un concepto de deontología parcialmente inspirado en la doctrina kantiana del deber. De ella se toma, principalmente, el criterio de autonomía del deber como elemento distintivo respecto de los fines éticos y morales. El deber opera como vocación, esto es, como llamada de la propia conciencia al servicio de un bien que se reconoce como objetivo —llamada que despierta al hombre a la responsabilidad subjetiva, convirtiendo lo objetivamente debido en su deber personal.

En lo específicamente profesional, la vocación, nos dice Ortega, significa ser vitalmente la profesión, como alternativa a su mero ejercicio. Cabe aventurar, a este respecto, que el abogado es vitalmente abogado cuando su conciencia le demanda el reconocimiento en el cliente de un fin en sí mismo, y el servicio de sus necesidades —relativas a las amenazas sociales coactivas que le incumben— como modo particular de honrar la dignidad de lo humano.

El breve paréntesis representado por el capítulo 5 se ha propuesto poner de manifiesto un error cognitivo más o menos habitual, como es la confusión de lo estético con lo esencial, lo ético o lo deontológico. Es naturalmente imperativo, al tratar estos aspectos de la profesión de abogado, partir de lo sensible: de lo inmediatamente exteriorizado en su despliegue o ejercicio. Ello, sin embargo, no debe llevar a sobredimensionar semejante fenomenología estética, incapaz por sí misma de decirnos qué es, o cómo debería comportarse, un abogado.

Estas indagaciones conceptuales eran ineludibles de cara a abordar el objetivo principal de la investigación, a lo que se ha dedicado el capítulo 6. La caracterización del régimen, marco o estatuto normativo del abogado español arroja como elemento hegemónico en el mismo el derecho. Ello, como alertábamos *ad initium*, tiene graves implicaciones: y es que *la hiperregulación jurídica es, por naturaleza, hostil a, e inconciliable con, la evolución moral de la profesión, la reflexión ética sobre la misma y la actuación deontológica en su seno*. No es hiperbólico concluir que esta hiperregulación determina nada menos que el ocaso de la abogacía española —ocaso que sólo una decidida liberalización de la profesión puede revertir.

REFERENCIAS

1. Bibliografía

ARANGUREN, J. L.: *Ética* (1958), 7.ª ed., Alianza, Madrid, 1981.

ARISTÓTELES: *Ética a Nicómaco*, 7.ª ed., Centro de Estudios Políticos y Constitucionales, Madrid, 1999.

— *Tratados de lógica (Órganon) I: Categorías. Tópicos. Sobre las refutaciones sofísticas*, Gredos, Madrid, 1982.

— *Política*, Altaya, Barcelona, 1993.

AUSTIN, J.: *The Province of Jurisprudence Determined* (1832), Cambridge University Press, Cambridge, 1995.

BASSANI, L. M.: «Introduzione», en LEONI, B.: *Il pensiero politico moderno e contemporaneo*, Liberilibri, Macerata, 2008, pp. XXIX-XLVIII.

BENTHAM, J.: *Deontology, together with A Table of the Springs of Action and The Article on Utilitarianism* (1834), Clarendon Press, Oxford, 1983.

BÖCKENFÖRDE, E.-W.: *Vom Ethos der Juristen* (2010), 2ª ed., Duncker & Humblot, Berlin, 2011.

BUENO, G.: *Teoría del cierre categorial 5: El sistema de las doctrinas gnoseológicas. Adecuacionismo. Circularismo*, Pentalfa, Oviedo, 1993.

BUENO OCHOA, L.: *Ética de la abogacía*, Dykinson, Madrid, 2021.

FERNÁNDEZ-CARVAJAL, R.: *El lugar de la ciencia política*, Universidad de Murcia, Murcia, 1981.

FERNÁNDEZ LEOST, J. A.: Aportación sin título, en VVAA: *Gustavo Bueno: 60 visiones sobre su obra*, Pentalfa, Oviedo, 2014, pp. 83-86.

FLAHERTY, C.: «Lawyers and AI: Saying Susskind is Wrong», en *Three Geeks and a Law Blog*, 16 de marzo de 2016, disponible en <https://www.geeklawblog.com/2016/03/lawyers-and-ai-saying-susskind-is-wrong.html>.

HAYEK, F.: *Law, Legislation and Liberty* (1973-79), Routledge, Londres y Nueva York, 1982.

HEGEL, G. W. F.: *Fenomenologia dello Spirito (1807)*, Bompiani, Milano, 2017.

— *Grundlinien der Philosophie des Rechts, oder Naturrecht und Staatswissenschaft im Grundrisse* (1820), Dunder und Humblot, Berlin, 1833.

— *Vorlesungen über die Ästhetik I* (1835), 2.ª ed., Dunder und Humblot, Berlin, 1842.

HIERRO SÁNCHEZ-PESCADOR, L. L.: «Las profesiones jurídicas. Una visión de conjunto», en *Sistema: revista de ciencias sociales*, n.º 137 (1997), pp. 27-44.

HOBBES, T.: *Leviathan* (1651), Oxford, Nueva York, 1998.

HOLMES JR., O. W.: *The Path of the Law* (1897), The Floating Press, 2009.

HUERTA DE SOTO, J.: *Socialismo, cálculo económico y función empresarial* (1992), 3.ª ed., Unión Editorial, Madrid, 2005.

HUME, D.: *A Treatise of Human Nature* (1739-40), en *The Essential Philosophical Works*, Wordsworth, London, 2011, pp. 1-551.

KANT, I.: *Kritik der reinen Vernunft* (1781), en *Werke: Akademie-Textausgabe (Band 4: Kritik der reinen Vernunft [1. Aufl. 1781]; Prolegomena; Grundlegung zur Metaphysik der Sitten; Metaphysische Anfangsgründe der Naturwissenschaften)*, De Gruyter, Berlin, 1978, pp. 1-252.

— *Grundlegung zur Metaphysik der Sitten* (1785), en ibíd., pp. 385-464.

— *Kritik der praktischen Vernunft* (1788), Georg Reimer, Berlin, 1908.

KELSEN, H.: *Reine Rechtslehre* (1934), 2.ª ed., Österreichische Staatsdrückerei, Viena, 1960.

— *What Is Justice? Justice, Law, and Politics in the Mirror of Science* (1957), University of California Press, Berkeley, 1971.

— «Was ist juristischer Positivismus?», en: *JuristenZeitung*, vol. 20, n.º 15/16 (13 de agosto de 1965), pp. 465-469.

LEMMINGS, D.: «Ritual, Majesty and Mystery: Collective Life and Culture among English Barristers, Serjeants and Judges, c.1500–c.1830», en VVAA: *Lawyers and Vampires: Cultural Histories of Legal Professions*, Hart Publishing, Oxford, 2003, pp. 25-64.

LEONI, B.: *Lezioni di filosofia del diritto* (1959), Rubbettino, Soveria Mannelli, 2003.

— *Freedom and the Law*, William Volker Fund, Princeton (NJ), 1961.

— *Il pensiero politico moderno e contemporaneo*, Liberilibri, Macerata, 2008.

MCINERNY, R. M.: *Studies in Analogy*, Martinus Nijhoff, La Haya, 1968.

MILL, J. S.: *Utilitarianism and On Liberty* (1863, 1859), Blackwell Publishing, Oxford, 2003.

NIETZSCHE, F.: *Also sprach Zarathustra I-IV* (1883-85), Deutscher Taschenbuch Verlag, Munich, 1999.

OLIVECRONA, K.: *El derecho como hecho* (1939), R. Depalma, Buenos Aires, 1959.

ORTEGA Y GASSET, J.: *Obras completas. Tomo II: El Espectador (1916-1934)*, 6.ª ed., Revista de Occidente, Madrid, 1963.

ORTIZ MILLÁN, G.: «Sobre la distinción entre ética y moral», en: *Isonomía*, n° 45 (octubre de 2016), pp. 113-139.

OSSORIO Y GALLARDO, A.: *El alma de la toga* (1919), 7.ª ed., Praxis, Buenos Aires, 1970.

PAOLI, U. E.: *Enciclopedia italiana* (1936), voz «Sinegoro», disponible en <https://www.treccani.it/enciclopedia/sinegoro_(Enciclopedia-Italiana)/>.

PECES-BARBA, G.: *Introducción a la filosofía del derecho*, Debate, Madrid, 1983.

PÉREZ PONFERRADA, G.: «Así era el ejercicio de la abogacía en la época romana», en: Confilegal, 13 de abril de 2020, disponible en <https://confilegal.com/20200413-asi-era-el-ejercicio-de-la-abogacia-en-la-epoca-romana/>.

POUND, R., et al.: *The Future of the Common Law. Addresses and Remarks by Roscoe Pound and Others*, Harvard University Press, Cambridge, 1937.

QUINTILIANO: *Institutio oratoria*, disponible en <https://www.thelatinlibrary.com/quintilian.html>.

RAND, A.: *For the New Intellectual*, Signet, Nueva York, 1961. (Se cita reproducción de fragmento originalmente publicado en 1957 [en: *Atlas Shrugged*, Random House, Nueva York].)

RODRÍGUEZ-ENNES, L.: «Honorarios de los abogados en Roma», ponencia presentada en el XIV Congreso Latinoamericano de Derecho romano (2004), disponible en <http://www.edictum.com.ar/miWeb4/ponencias_14.htm>.

ROTHBARD, M. N.: «Concepts of the Role of Intellectuals in Social Change Toward Laissez Faire», en *The Journal of Libertarian Studies*, vol. IX, n.° 2 (otoño de 1990), pp. 43-67.

ROUSSEAU, J. J.: *Du contrat social* (1762), Flammarion, París, 2012.

SÁNCHEZ STEWART, N.: «Perspectiva española de la abogacía en relación a la lucha contra el blanqueo de capitales», ponencia presentada en Ginebra en octubre de 2012, disponible en <http://www.fbe.org/barreaux/uploads/2017/07/Nielson_Sanchez-Stewart_GENEVE2012.pdf>.

— *Manual de Deontología para Abogados. Principios y normas que rigen la actuación profesional de abogadas y abogados* (2012), 3.ª ed., Wolters Kluwer, Las Rozas (Madrid), 2021.

SARTRE, J. P.: *Huis clos, suivi de Les mouches* (1944), Gallimard, 1947.

SAVATER, F.: *Ética para Amador* (1991), 45ª ed., Ariel, Barcelona, 2004.

SPINOZA, B.: *Tractatus theologico-politicus* (1670), Gebhardt III, Heidelberg, 1972.

SUSSKIND, R.: *The End of Lawyers? Rethinking the Nature of Legal Services* (2008), Oxford, New York, 2010.
TIERNO GALVÁN, E.: «Estudio preliminar», en: *Tratado Teológico-Político (selección). Tratado político*, Tecnos, Madrid, 1966.
TOMÁS DE AQUINO: *Sulla verità (De veritate)*, Bompiani, Milano, 2005.
— *Summa Theologiae*, disponible en <https://hjg.com.ar/sumat/>.
VILA RAMOS, B.: «Deontología profesional y marco jurídico normativo», en: VVAA: *Deontología profesional*, Dykinson, Madrid, 2013, pp. 9-21.
VVAA: *A Dictionary of Greek and Roman Antiquities* (1890), voz «Synegorus», disponible en <http://www.perseus.tufts.edu/hopper/text?doc=S.synegorus-cn&fromdoc=Perseus%3Atext%3A1999.04.0063<.
— *Lawyers and Vampires: Cultural Histories of Legal Professions*, Hart Publishing, Oxford, 2003.
— *Deontología profesional*, Dykinson, Madrid, 2013.
ZUBIRI, X.: «Las fuentes espirituales de la angustia y de la esperanza» (1961), en *Revista de filosofía (Universidad Complutense de Madrid)*, 3ª época, vol. IV (1991), nº 6, pp. 239-245.

2. Normativa

Código de Deontología de los Abogados Europeos, adoptado en la Sesión Plenaria del Consejo de los Colegios de Abogados de la Unión Europea de 28 de octubre de 1988 y modificado en las Sesiones Plenarias de 28 de noviembre de 1998, 6 de diciembre de 2002 y 19 de mayo de 2006.

Código Deontológico de la Abogacía Española, aprobado por el Pleno del Consejo general de la Abogacía española el 6 de marzo de 2019.

Real Decreto 135/2021, de 2 de marzo, por el que se aprueba el Estatuto General de la Abogacía Española.

3. Jurisprudencia

Sentencia del Tribunal Constitucional 219/1989, de 21 de diciembre (ponente don Fernando García-Mon y González-Regueral).

4. Otros recursos

Base de datos «Tirant Online».

COLECCIÓN «DERECHO Y LIBERTAD»

1. *LA DECISIÓN JUDICIAL*
Y LA CERTIDUMBRE JURÍDICA
Ricardo Manuel Rojas

2. *JUSTICIA A LA VENTA*
Pablo Sánchez Nassif

3. *LA SUPRESIÓN DE LA PROPIEDAD*
COMO CRIMEN DE LESA HUMANIDAD
Ricardo Manuel Rojas y Andrea Rondón García

4. *INDIVIDUO Y SOCIEDAD*
Ricardo Manuel Rojas

5. *LA PROPIEDAD. UNA VISIÓN MITIDISCIPLINARIA*
E INTEGRADORA
Ricardo Manuel Rojas

6. *LA INFLACIÓN COMO DELITO*
Ricardo Manuel Rojas

7. *LAS CONTRADICCIONES*
DEL DERECHO PENAL
Ricardo Manuel Rojas

8. *EL OCASO DE LA ABOGACÍA*
Luca Moratal Roméu

Para más información,
véase nuestra página web
www.unioneditorial.es